运动健康完全图解系列

EXERCISE IN ACTION

CORE

核心锻炼

〔美〕霍利斯·兰斯·李普曼 著

黄力平 李玥 译

天津出版传媒集团

天津科技翻译出版有限公司

著作权合同登记号：02-2015-145

图书在版编目（CIP）数据

核心锻炼 /（美）李普曼（Liebman, H. L.）著；黄力平，李玥译. —天津：天津科技翻译出版有限公司，2016. 7

（运动健康完全图解系列）

书名原文：Exercise in Action: Core

ISBN 978-7-5433-3578-3

Ⅰ. ①核… Ⅱ. ①李… ②黄… ③李… Ⅲ. ①体育锻炼—图解 Ⅳ. ①G806-64

中国版本图书馆CIP数据核字（2015）第313364号

授权单位：Moseley Road Inc.

出　　版：天津科技翻译出版有限公司

出 版 人：刘 庆

地　　址：天津市南开区白堤路244号

邮政编码：300192

电　　话：022-87894896

传　　真：022-87895650

网　　址：www.tsttpc.com

印　　刷：天津市银博印刷集团有限公司

发　　行：全国新华书店

版本记录：787×1092　16开本　10印张　200千字

2016年7月第1版　2016年7月第1次印刷

定价：48.00元

目录

前言 6

拉伸和热身 9

腰部拉伸 10

坐位脊柱拉伸 11

内收肌拉伸 12

眼镜蛇式拉伸 13

髂胫束拉伸 14

髋部至大腿拉伸 15

腰部拉伸 16

梨状肌拉伸 17

侧屈 18

瑞士球腹部拉伸 19

瑞士球练习 21

瑞士球屈体 22

瑞士球仰身 23

瑞士球前滚 24

瑞士球屈体举臀 26

瑞士球平板支撑抬腿 27

瑞士球绕行 28

卧位腿部旋转 30

瑞士球俯卧撑 32

髋部跨越运动 33

实心球练习 35

抛实心球 36

实心球环绕 38

倚在瑞士球上运转实心球 40

实心球俯卧撑 42

增强式俯卧撑 43

仰卧起坐式投掷 44

实心球猛击 46

爆发性深蹲 47

自身体重训练 49

下台阶 50

肌腱拉伸 51

麦吉尔卷身 52

腹肌提拉 53

仰卧起坐 54

仰卧起坐变式 55

卷腹（仰卧起身） 56

交替卷腹 57

侧抬腿卷腹 58

双腿按压腹肌 59

柠檬挤压法 60

椅上卷腹 61

斜向侧转身 62

跪位侧抬腿 63

腹髋提升 64

手爬行 65

跪位侧踢 66

大腿后摆 68

站立高抬腿 69
桥式 70
抬腿桥式 71
"V"形屈体 72
剪刀式 73
抬腿 74
单腿环绕 75
平板支撑 76
平板支撑撑起 77
平板下压 78
膝盖拉伸平板支撑 80
逆向平板支撑 81
侧弯平板支撑 82
小碎步 83
前进的超人 84
俯卧脚跟拍打 85
登山式 86
俯卧撑 87
椅式 88
侧抬腿屈身 89
四足运动 90
蚌壳系列运动 92
辅助前抬腿 94
跪姿侧抬腿 95
侧弓箭步 96
高冲刺 97
平板毛巾展收 98
身体拉锯式 99
旱地游泳 100
扭胯运动 101
俄罗斯扭转 102
身体扭转 103
负重练习 105
8字壶铃 106
土耳其起身训练 108
推轮运动 110
哑铃仰卧起坐 111
壶铃摆臂 112
持铃直背弯腰 113
坐姿杠铃转体 114
站立杠铃片扭转 115
坐姿哑铃推举 116
壶铃深蹲 117
拉力器力量练习 119
站立位上拉 120

跪姿拉力器卷腹 122
站姿拉力器卷腹 123
拉力器转体 124
举带过顶 125

平衡球练习 127

平衡球卷腹 128
平衡球仰卧起坐 129
平衡球蹬车卷腹 130
平衡球剪式 131
平衡球侧位平板支撑 132
平衡球坐姿抬腿 133

泡沫轴练习 135

四足跪式滚轮 136
腘旁腱滚轮 137
单腿压轮推举 138
三头肌滚轮 139
对角线卷腹 140
滚轮俯卧撑 141
仰卧行进 142
髂胫束放松法 143
泡沫轴桥式抬腿1 144
泡沫轴桥式抬腿2 146
腘旁腱伸缩 147
直腿踩单车 148
僵虫蠕动 149

运动方案 150

初学者运动方案 151
转体运动方案 152
竖脊肌运动方案 154
专业运动员运动方案 156
多项组合运动方案 157
终极运动方案 158

前言

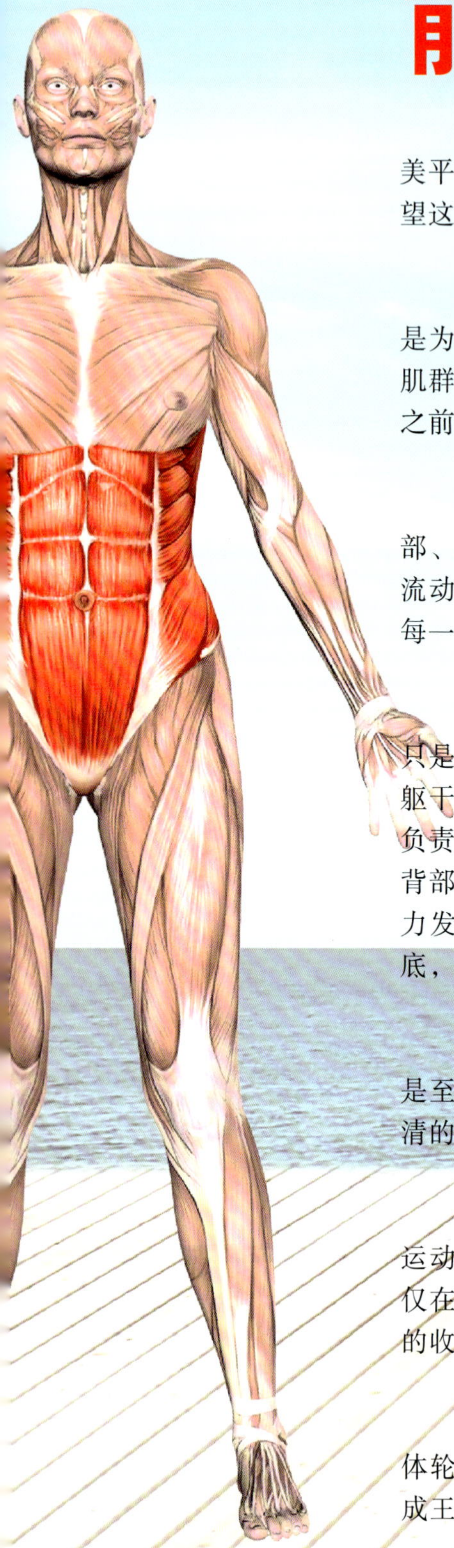

无论是电影、出版物，还是体育赛事，都在宣传、鼓吹、赞美平坦的腹肌和强有力的核心肌群。几十年来，人们一直都在渴望这样的完美。

但是全世界的运动员锻炼他们的核心肌群不是为了外表，而是为了良好的体能。动作、力量、稳定性和运动表现都是由核心肌群产生、驱动和决定的。在身体的其他部位肌肉开始执行任务之前，核心肌群是所有运动的起源。

究竟什么是核心肌群呢？核心肌群是指下部躯干（包括下背部、腹部和臀部）的所有肌肉。这些肌肉的协同工作提供支撑和流动，才使得所有这些肌肉的组合，正是所有身体的运动——在每一个可能的方向——成为可能。

最明显的核心肌肉群是腹直肌，即俗称的“六块肌”。但这只是整个核心肌群的一部分，它负责脊柱的稳定性以及缩短你的躯干和臀部之间的距离。腹肌两侧分别是腹内斜肌和腹外斜肌，负责侧面弯曲和躯干的旋转。竖脊肌是圣诞树形状的肌肉，位于背部，负责脊柱的稳定和脊柱的运动。最后，臀部肌肉对核心肌力发挥着重要作用，连同臀屈肌共同构成这一肌肉复合体的基底，起到支持运动和屈曲臀部的作用。

拥有一个强有力的核心肌群对保持身体功能健全和正常运作是至关重要的，而且在视觉上也极具吸引力，全世界范围内数不清的杂志封面上都是各种漂亮露脐装。

每年有许多顾客主动购买减肥书籍、营养补充剂、健身卡、运动器材，甚至整形手术，促成一个巨大的健身产业：2011年，仅在美国本土，健身俱乐部会员总计5140万人，健身俱乐部行业的收入达到214亿美元。

我们每天都被当地的健身房、商场、服装店及各种形式的媒体轮番轰炸，甚至智能手机APP都将拥有强大核心肌群的人吹嘘成王者。但是究竟是为什么核心肌群训练如此重要？拥有紧实的核心肌肉除了会让你看上去更美，其现实的利益是每天坚持运动能减缓你身体年龄的增长。想象一下那种感觉：当你一觉醒来，背痛全无；在家里或办公室里轻松搬运笨重的箱子；即使在无意识的情况下也能站得更高更直。

核心肌群锻炼不仅仅是为一次运动做准备，更是你健康的保险单，让你保持正常的人体功能。核心肌群锻炼使那些积极参与其中的人受益良多——这绝不是夸张。以孕妇为例，如果她在产前和产后进行核心肌群锻炼，不仅使婴儿分娩更容易和更健康，而且她的产后恢复也会非常快。

维持强有力的核心肌群，可以辅助肌肉提供最佳的支持。事实上，核心肌群是你全身运动的核心——每块肌肉都需要核心肌群的激发：在下蹲时，你的核心肌群保持着垂直运动的完整性；将哑铃举过头顶时，为了保持身体直立，核心肌群开始激发。有没有发现，三头肌用力之后上腹部有些疼痛？那是因为你的核心肌群在工作。

此外，多年来我们使用外部支撑物（如椅背）替代了原本应是核心肌群完成的工作，再加上我们缺乏运动以及不良的现代饮食习惯，导致这一代人核心肌群锻炼不足，进而出现体态不良、背部酸痛和肥胖等问题。

核心肌群的又一独特之处在于，锻炼该群肌肉的是为了增强其紧实度而不是纯粹为了增强其体积（例如，锻炼胸肌和肱二头肌），该肌群始终是在协助所有其他肌肉群完成其功能。

认真勤奋地锻炼核心肌群以外的肌肉，不仅是为了预防未来的损伤，也是为了使核心肌群得到最佳的维护和展现。

本书描述的所有运动都是动态的，而不是静态或等长练习，包括让某一肌肉在收缩位维持一定时间。如果你是久坐性职业或生活状态，这本书就很适合你。你会从中得到很好的指导来定期锻炼你的核心肌群，养成适合自己的日常训练习惯——你将得到巨大的回报。

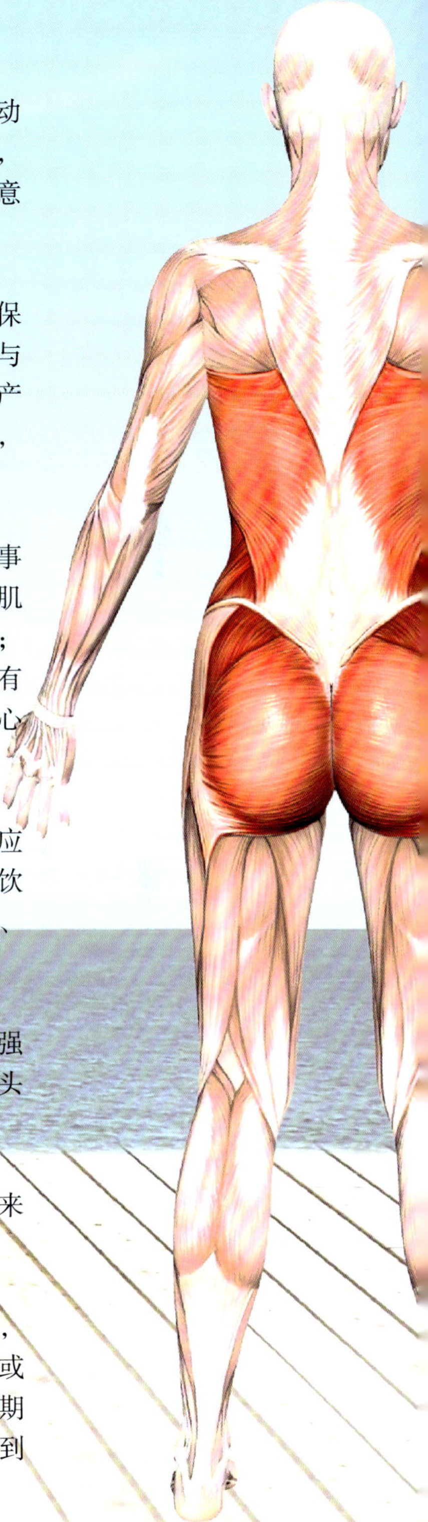

拉伸和热身

拉伸和热身对于人体是非常重要的，如同想以每小时超过105千米的速度行驶在高速公路前，须先用钥匙发动汽车引擎的道理一样。寒冷和紧张的肌肉比温暖而舒展的肌肉柔韧性差，因此更易受伤。拉伸和热身运动的关键是不要过度，只要适应于所要进行的运动阈值即可。

腰部拉伸

腰部拉伸能够完美地拉伸腰背和臀部肌肉，它适用于所有的运动和活动。

第一步：起始位为跪位，背部挺直，双臂放于身体两侧。

第二步：缓慢前倾身体，将手放于面前的地板上。

第三步：低头，将背部拱起，直到后背有拉伸感，保持30秒，然后放松，重复再做30秒。

目标肌肉

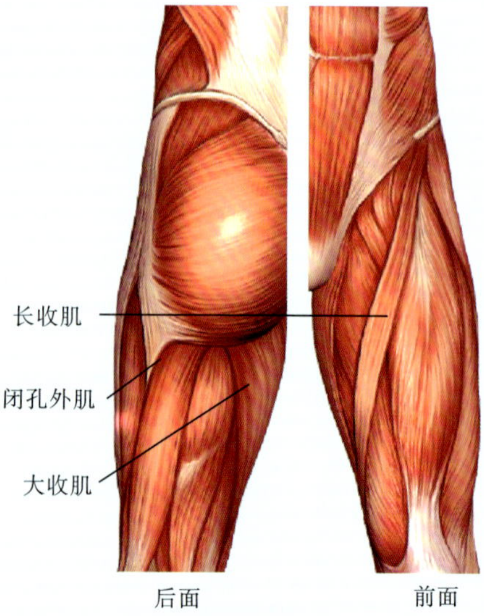

内收肌

动作要领

· 一定要确保动作平稳、缓慢。

避免

· 将背部过度拱起。

坐位脊柱拉伸

坐位脊柱拉伸有助于放松脊椎和缓解经常收缩紧张的竖脊肌。

警告：腰背肌有萎缩现象的应避免这个动作。

第一步：坐在地板上，一条腿向前伸直。

第二步：将另一只腿交叉越过你伸出的那条腿，并确保脚平放于地板上。一只手在地面上起到支撑作用，另一只手放在弯曲的那条腿上。

第三步：朝着弯曲那条腿相反的方向旋转你的身体，直到胸部几乎接近那条弯曲的腿。

第四步：维持30秒，重复进行，然后换相反方向重复以上动作。

目标肌肉

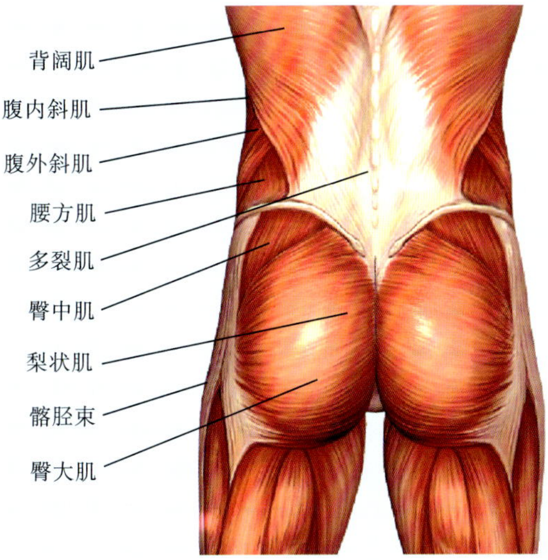

竖脊肌

动作要领

- 做动作时一定要确保背部平直。

避免

- 在拉伸过程中不要过度旋转身体。

内收肌拉伸

对内收肌做简单的拉伸，大约1分钟是最有效的。最基本的要求是：拉伸的力度要适度，不要对肌肉产生伤害，以感觉肌肉受到拉伸为宜。

第一步： 挺直站立，两脚分开。

第二步： 将身体重心下移同时弯曲左腿，并将双手分别放在大腿上，直到感觉右大腿内侧有较强拉伸感。

第三步： 保持30秒钟，然后放松，再重复30秒，之后换腿再重复以上动作。

动作要领

· 保持上身直立。

避免

· 过度拉伸。

目标肌肉

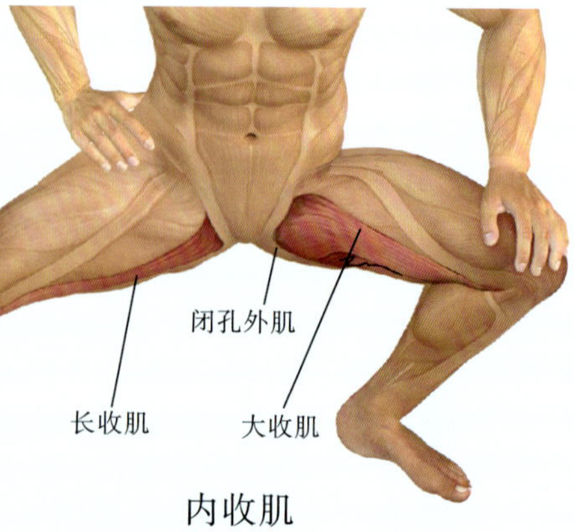

内收肌

眼镜蛇式拉伸

这个拉伸有助于放松脊柱关节，舒展你的上腹部、上腰部和脊椎。如果你之前背部没受过损伤，这个运动是适合的，否则这个动作练习不当，可能会导致脊椎损伤。

第一步：俯卧位趴下，双臂弯曲，肘部朝里，手掌贴于地面。

第二步：用双臂撑起上半身，直至双臂完全伸直，身体向后弯曲，每次保持15秒，以上动作重复3次。

目标肌肉

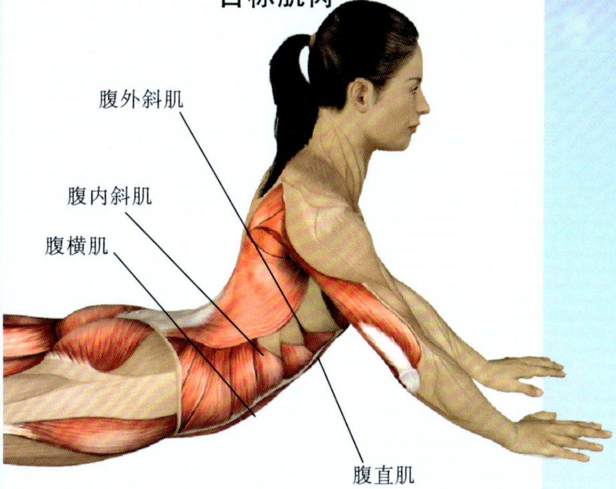

腹肌和斜肌

动作要领

· 保持双臂紧贴身体两侧。

避免

· 过度向后弯曲。

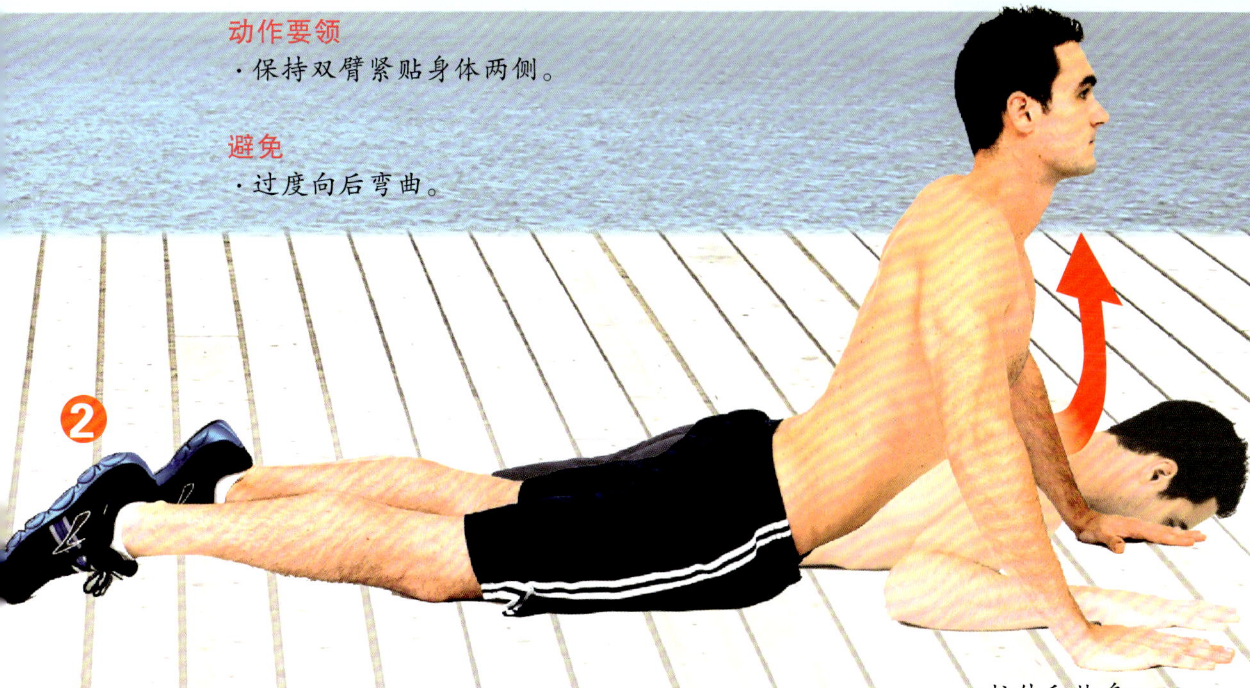

髂胫束拉伸

拉伸髂胫束不同于拉伸其他的肌肉，因为髂胫束是厚厚的纤维筋膜，不像肌肉那样有弹性。髂胫束的拉伸对背部、臀部和膝部有问题者有重要影响。

第一步： 起始为站立位，左脚交叉于右脚踝的后侧。

第二步： 身体前倾，直到手指尖尽可能地接近地面。如果你还有能力，可以用手抓住脚趾，或者尝试更高难度，将双手平放于地面。

第三步： 保持20秒，然后重复该动作，之后两腿交换，重复整个拉伸动作。

动作要领

· 确保整个动作缓慢、平稳。

避免

· 腿部过度拉伸。

目标肌肉

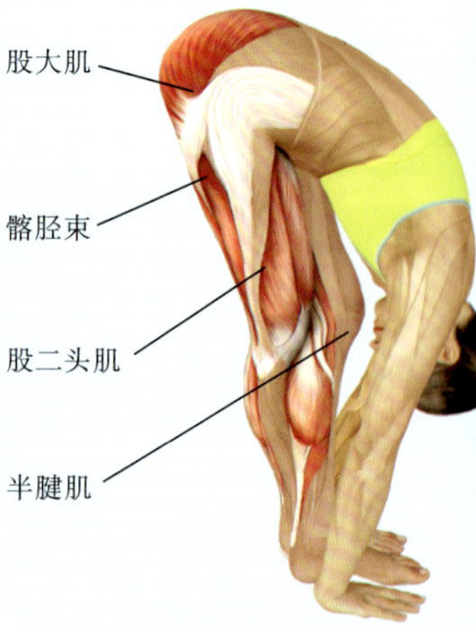

臀大肌和髂胫束

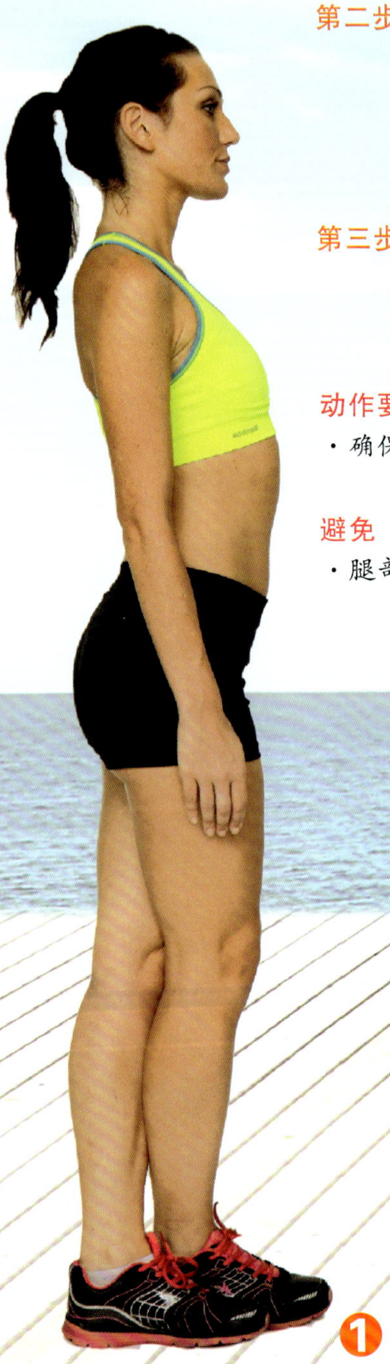

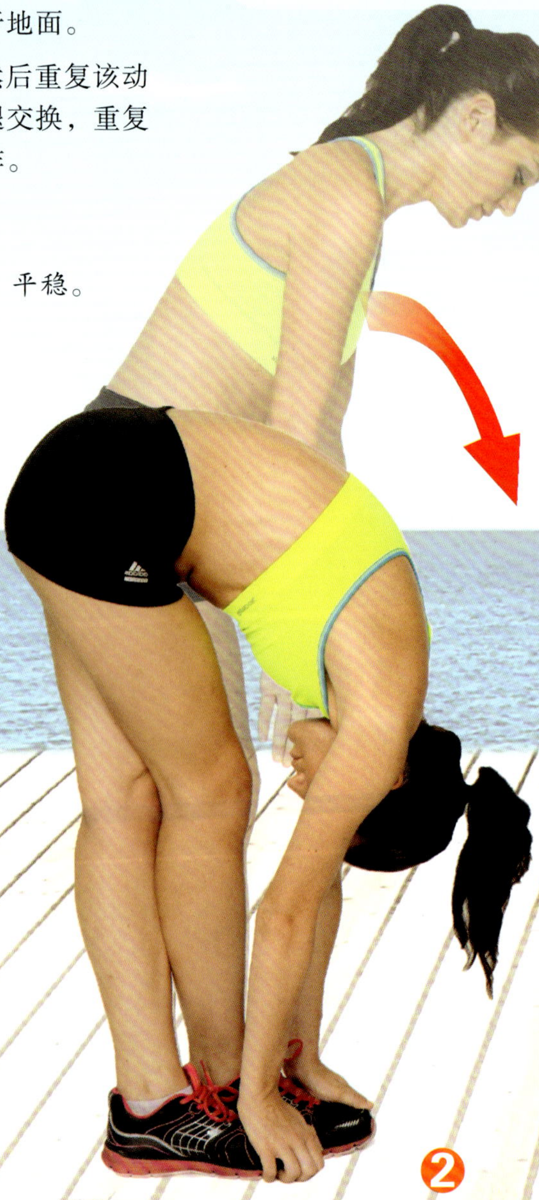

髋部至大腿拉伸

髋屈肌位于大腿上部和髋骨之下，其作用是使你弯腰和抬高膝部。这个练习的主要目标是拉伸髋屈肌和大腿内收肌群。

第一步： 左膝跪于地面，右脚置于前面地板上，使右膝弯曲小于90度。

第二步： 躯干前移，弯曲右膝，尽量使膝向着脚趾的方向移动。保持身体在中立位，右髋部向前向下压，使大腿前面有拉伸感。抬起双臂朝向天花板，并保持肩膀放松。

目标肌肉

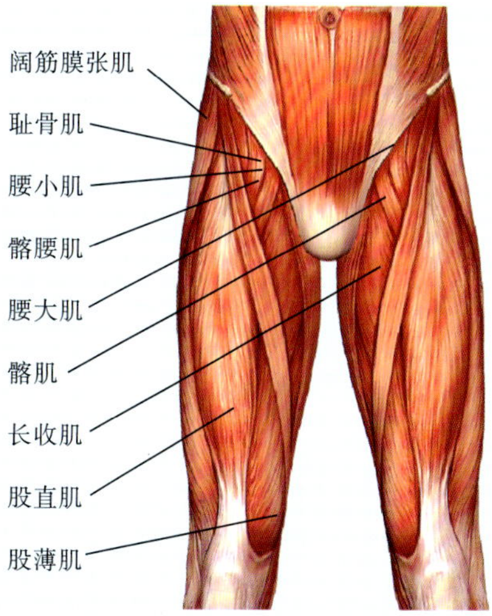

髋部屈肌和内收肌

第三步： 手臂伸展向下，同时臀部向后移动。右腿伸直，躯干前倾，两手放于右腿两侧起到支撑作用。

第四步： 保持10秒，每条腿交替重复上述动作 5 次。

动作要领

- 保持你的肩膀和颈部放松。
- 拉伸时，要把整个身体当作一个整体。

避免

- 前膝过伸。
- 髋部转动。
- 后腿的膝部向外移。

腰部拉伸

日常活动会导致腰背部肌肉紧张，长期下去还会引起背部疼痛，增加背部损伤的风险。腰部的拉伸有助于保持脊柱的灵活性。完成这个动作大约需要两分钟。如果你有腰部问题，则不建议做这个练习。

第一步： 平躺，双腿弯曲成90度，并将双臂向外伸展。

第二步： 缓慢将双膝向右侧倾倒，直到下面的膝盖几乎接触地板。

第三步： 保持30秒，之后重复一次，然后换另一侧重复以上动作。

动作要领

· 背部始终保持平贴于地板。

避免

· 转腿过猛。

目标肌肉

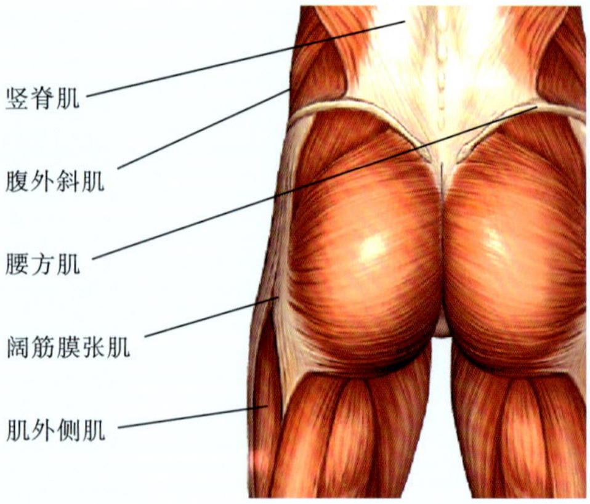

腰部

变式

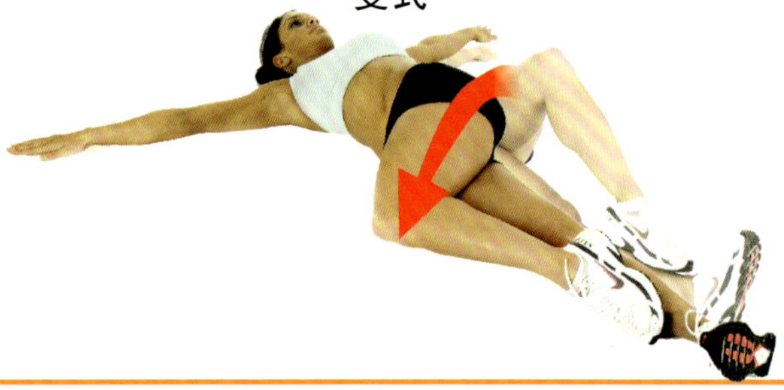

1

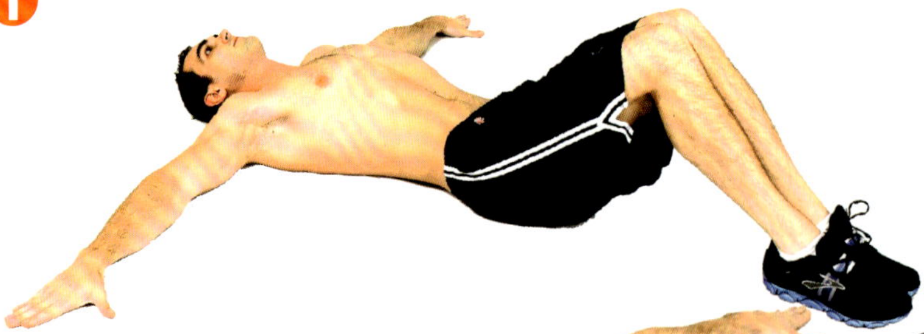

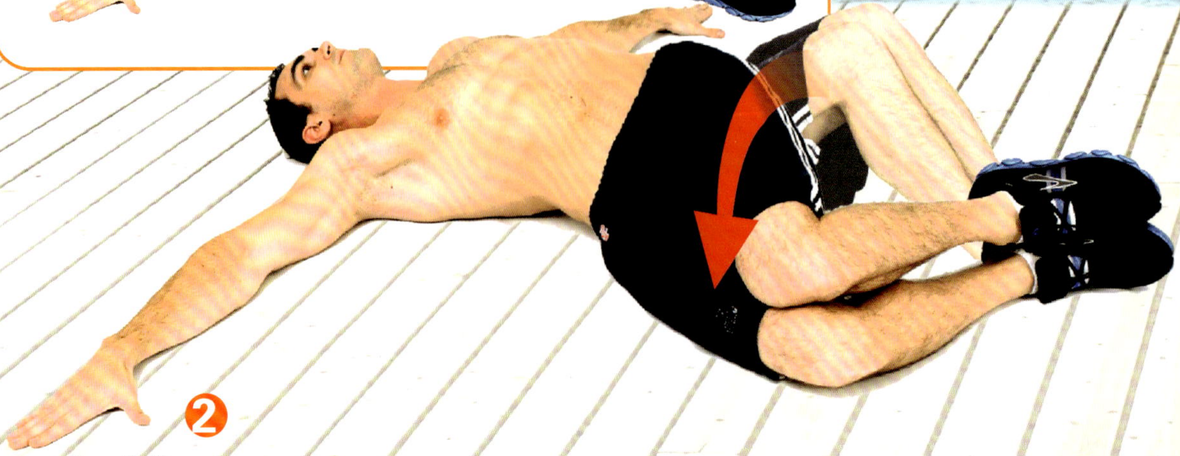

2

梨状肌拉伸

这个动作拉伸的是臀部和髋部肌肉，大约需要两分钟完成。梨状肌的作用是侧向旋转和稳定髋部，这对于从事经常需要突然转换方向体育运动的运动员来说是很重要的。

第一步： 平躺，左腿弯曲，右脚踝交叉到左膝盖上。

第二步： 用双手抓住左大腿膝盖的后面，轻轻将它拉向右肩的方向。

第三步： 保持30秒，放松， 再重复做30秒，然后换另一条腿。

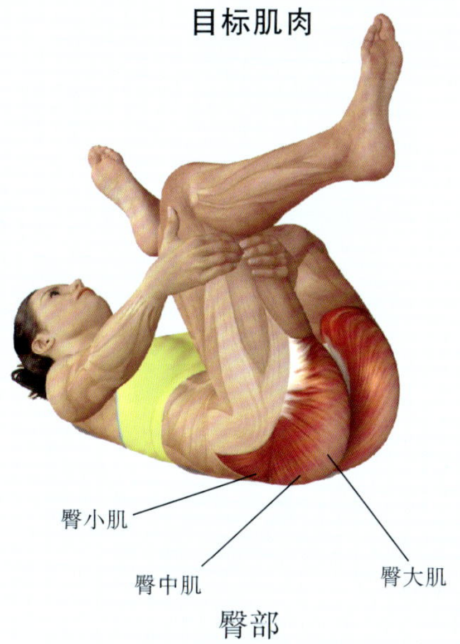

动作要领

· 背部保持平贴于地面。

避免

· 膝盖过度牵拉或紧张。

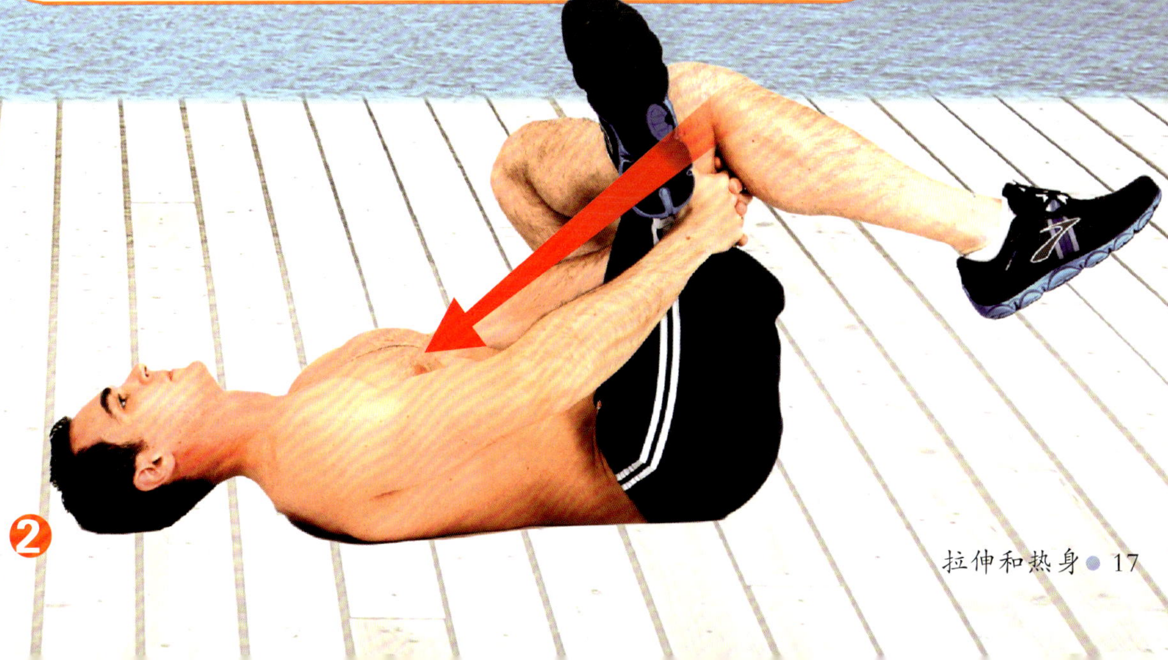

侧屈

侧屈训练对于拉伸前锯肌、腹斜肌和肋间肌是非常有益的。完成这个拉伸动作大约需要 1 分钟 。这个训练也可做如下变化：一只手放在髋部，另一只手臂向上举起过头（较简单），或者手持重物或哑铃举起过头（难度更大）。

第一步： 垂直站立，手臂上举过头，十指交叉。

第二步： 保持十指交叉，身体缓慢弯向一边，然后再回到垂直位置。

第三步： 每边重复10次。

动作要领

· 确保背部挺直。

避免

· 躯干前后弯曲。

目标肌肉

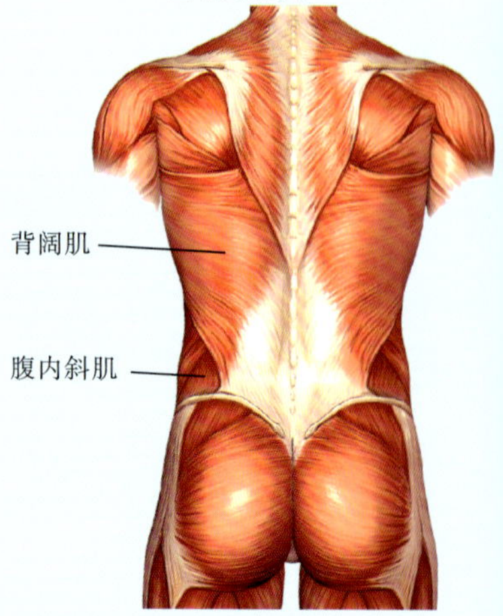

斜肌

变式

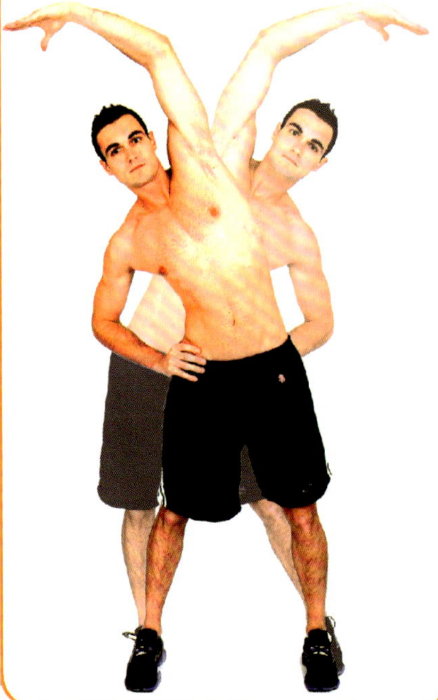

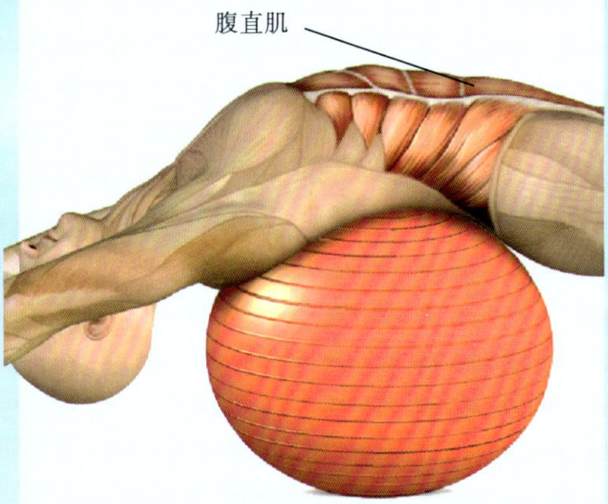

瑞士球腹部拉伸

瑞士球腹部拉伸是一项很好的辅助热身运动。这个练习的重点在于热身并拉伸腹直肌，但做这项运动一定要谨慎小心。

第一步： 你的背部躺在瑞士球上，双脚分开与肩同宽。双臂伸直，尽量向头后伸展。

第二步： 手臂一直向后伸，直到双手接触到地面。

第三步： 保持你的后背始终贴在球上，下压髋部，腹肌朝着天花板的方向拉伸。

第四步： 维持30秒，放松，再重复做30秒。

动作要领

- 确保你的身体贴在球上。

避免

- 在拉伸过程中抬高骨盆。

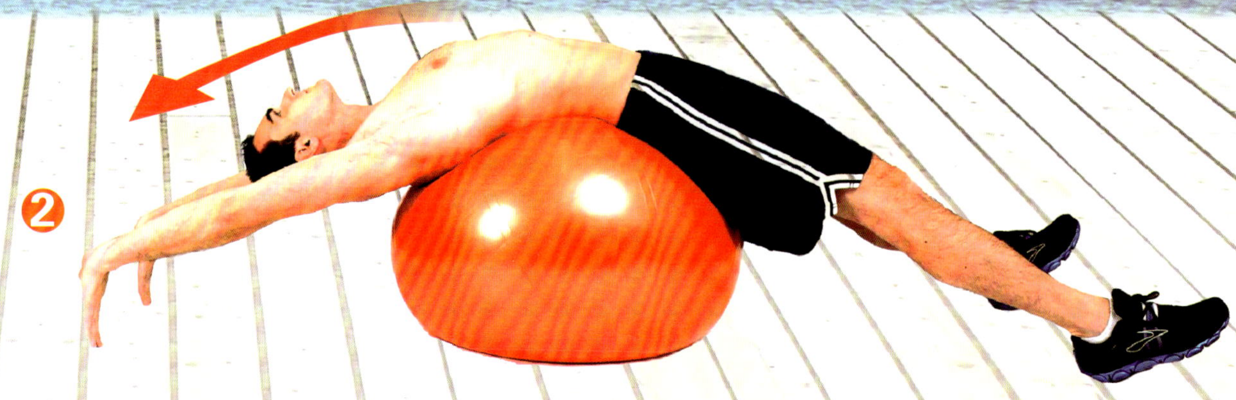

瑞士球练习

瑞士球是一种相当高效的运动锻炼工具，能够提高身体的平衡能力及核心肌肉力量，同时让你更加健美和纤瘦。球的不稳定性不断引起身体的反应从而锻炼了平衡性。球里充满空气，可以变化成各种直径——通常在 35~85 厘米之间。它可与力量锻炼相结合，也可单独使用来锻炼身体的任何部位，不受角度的限制，练习的方法也是多种多样。

瑞士球屈体

瑞士球屈体训练是主要针对躯干和髋部肌肉的力量训练。你需要通过协调性、准确性和力量的相互配合才能达到最佳表现。

第一步： 起式为俯卧撑的动作，双臂分开与肩同宽，小腿放于瑞士球上。

第二步： 弯曲膝盖，使球朝着胸部方向向前滚动，全程要保持双臂伸直。

第三步： 然后伸直双腿，重复20次。

动作要领

- 全程保持核心肌肉绷紧。
- 保持呼吸正常。
- 双肩应处于双手之上。

避免

- 无计划的随机训练。
- 背部拱起。
- 速度过快。

瑞士球仰身

瑞士球仰身训练是非常有效的核心力量锻炼方法。向前或向后滚动一小步，可大大减小或增加腹部肌肉的紧张度。

第一步：首先将背部贴于球上，头部和颈部绷紧支撑，双腿弯曲，双手手掌放在两侧耳朵上，肘部屈曲向外。

第二步：抬起头和肩膀离开瑞士球，同时躯干向腰部紧缩，保持下腰部贴于球上。

第三步：下压躯干部，重复25次。

目标肌肉

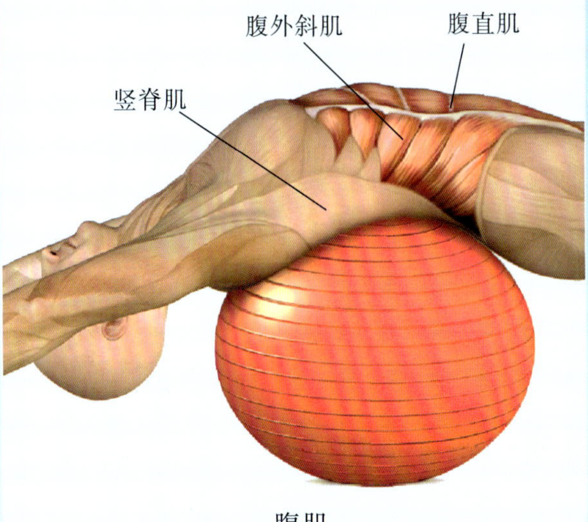

动作要领

- 保持动作准确，动作幅度要小。
- 腹肌要有紧张感。
- 上腹肌保持收缩。

避免

- 颈部用力。
- 弹簧样和快速的重复。
- 腰部抬离瑞士球。

瑞士球前滚

瑞士球前滚训练是一项关键的稳定性练习，是许多动作建立的基础。当保持这个训练姿势时，许多关键的核心肌肉都激活了。最近的研究表明，比起仰卧起坐，瑞士球前滚训练对腹直肌和腹斜肌的激活作用更大。

第一步： 跪在地板上，手腕放在瑞士球上，上背部挺直支撑。双脚分开与肩同宽，抬起髋部，双臂向前方伸出。

第二步： 将球慢慢向前滚动，直到肘部位于球的中心上方。

第三步： 保持5秒，然后慢慢地反方向运动重复10次。

动作要领

- 全程保持核心肌肉紧张。

避免

- 无计划的随机训练。
- 臀部下降。

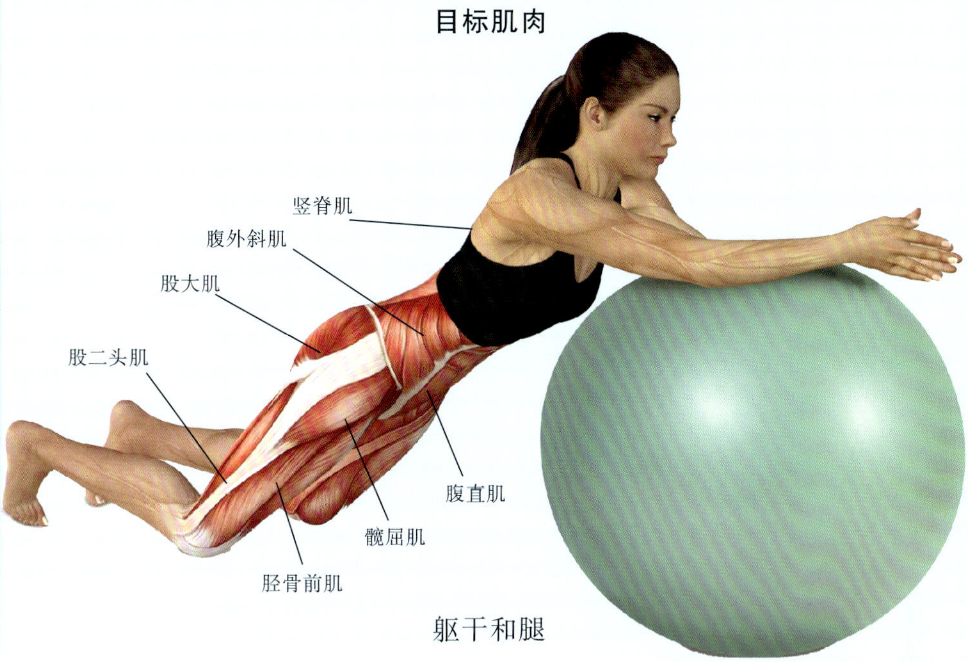
目标肌肉
竖脊肌
腹外斜肌
股大肌
股二头肌
腹直肌
髋屈肌
胫骨前肌
躯干和腿

瑞士球屈体举臀

瑞士球屈体举臀训练是一项具有挑战性的增强核心肌力的锻炼方法，准确完成这个动作需要身体平衡、稳定和精确。这是一个特别有效的增强腹肌的锻炼方法。

第一步： 起式为标准的球上俯卧撑姿势，保持躯体伸直，核心肌肉收缩，小腿放在瑞士球上。

第二步： 先臀部朝着天花板方向抬高，像一座吊桥一样，同时保持你的核心肌肉紧张，带动瑞士球滚向手臂。

第三步： 保持5秒，臀部降至原位，再重复5次。

目标肌肉

腹部和髋部

动作要领

- 动作幅度可控。
- 确保主要依靠腰背部肌肉来提高臀部。

避免

- 速度过快。
- 下落的躯体过低，低于与地面的平行线。
- 过多使用颈部力量。

瑞士球平板支撑抬腿

这项训练能提高支撑自身体重的能力，并且能很好地锻炼腹肌，有助于提高上身力量。只完成平板支撑动作，不将脚抬离瑞士球会容易些。

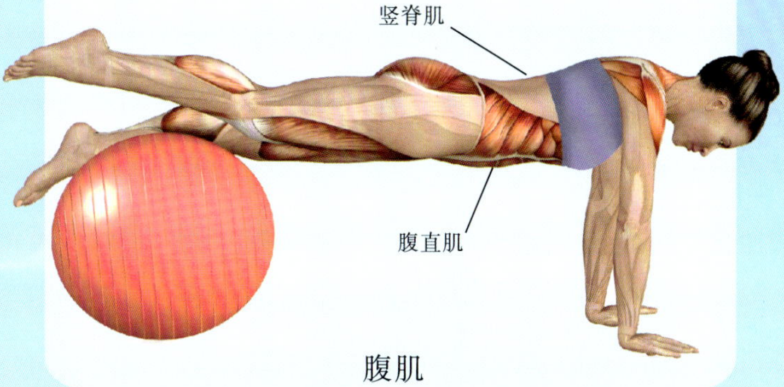

第一步： 起式为四肢着地，瑞士球放在双脚可及的范围内。双手支撑地面，双臂伸直。左脚置于瑞士球上。

第二步： 小心地将右脚也抬起置于瑞士球上，然后完全伸展双腿。

第三步： 右脚抬离瑞士球，保持平板支撑姿势30秒，可逐渐增加难度到60秒，随后左右脚交替，重复上述动作。

动作要领

- 保持腹肌收缩，身体处在一条直线上。

避免

- 脚抬得太高，会导致用力的肌肉压力过大。

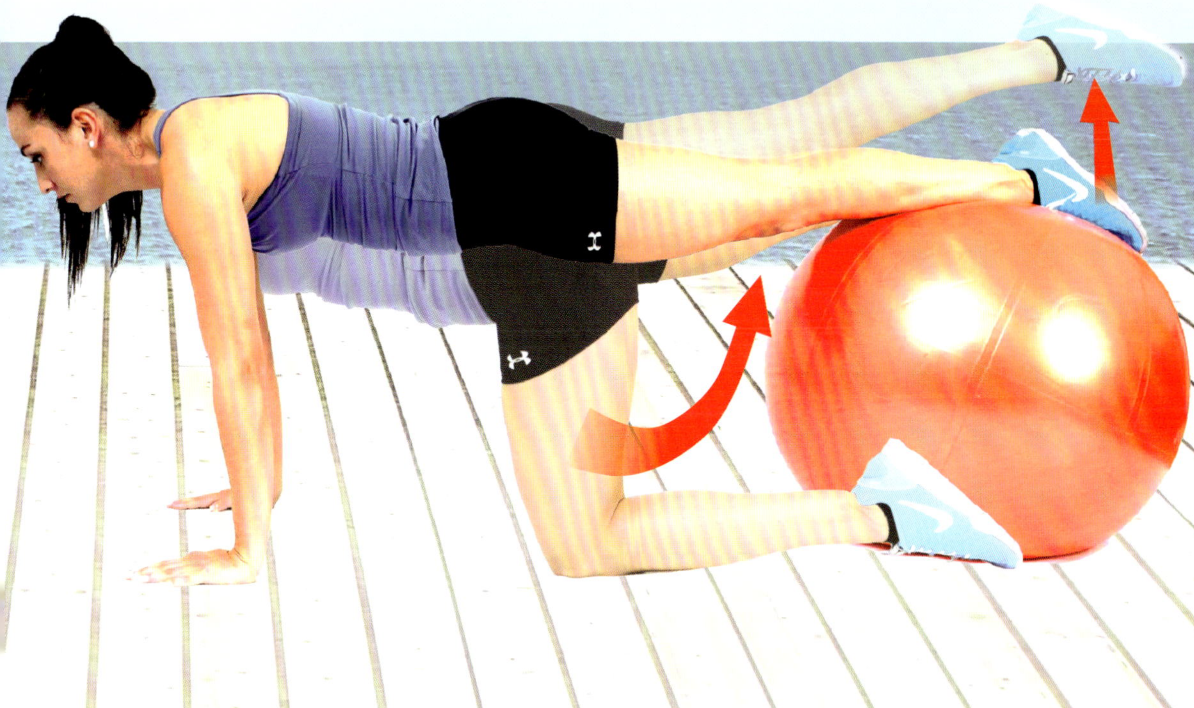

瑞士球绕行

瑞士球绕行训练是具有挑战性的核心稳定性锻炼方法，需要平衡力和动作精准才能正确完成。如果你将它列入日常锻炼的一部分，你将受益匪浅。这也是一个很好的锻炼肩部稳定性的方法，目的是使每个肩膀能独立地承载负荷，同时能使核心肌群保持强壮，并收缩维持体态的肌肉。

1

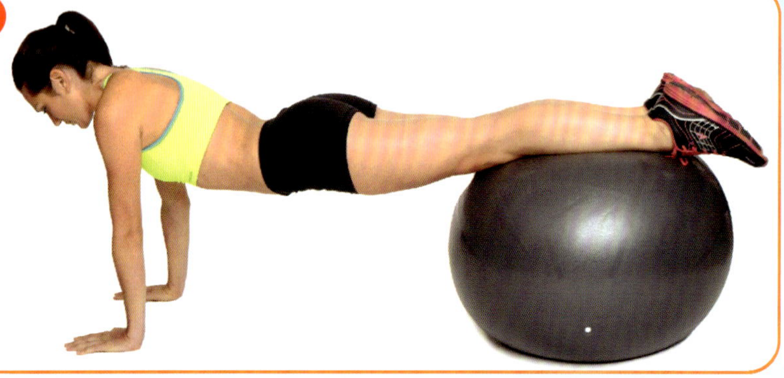

2

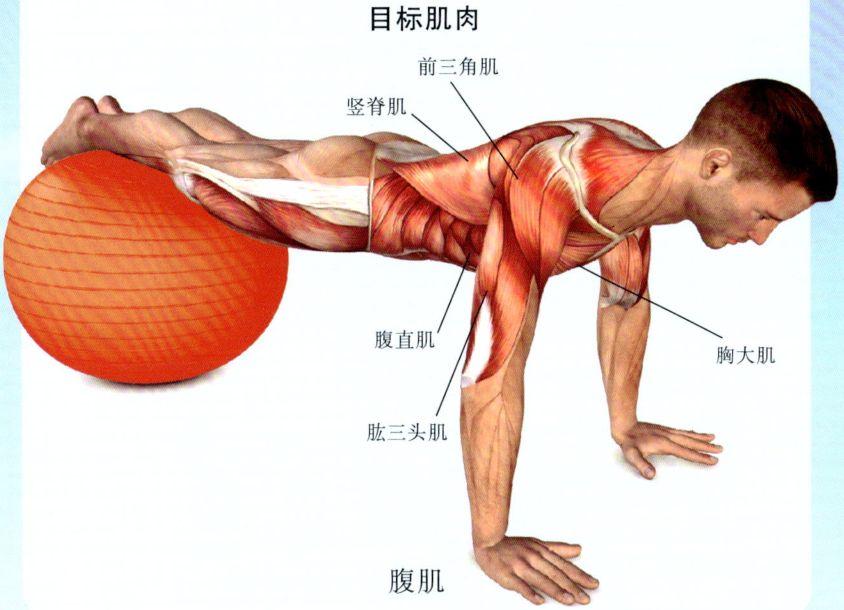

动作要领

- 保持身体抬高与地面平行或更高。
- 保持瑞士球静止和居中。

避免

- 速度过快。
- 下落的躯体过低，低于与地面的平行线。
- 腕部压力过大。

第一步： 起式为俯卧撑姿势，双腿置于瑞士球上。

第二步： 用手围绕瑞士球向侧面移动，一次移动一只手，同时转动身体，使身体旋转半圈。

第三步： 移回到起始位置。往返完成5个半圈。

卧位腿部旋转

这个练习比看上去要难，是一项很好的增强肌训练，并能很好地锻炼腹斜肌。先尝试没有球的训练，直到你已经适应，再将球加入进来。它还能锻炼大腿内侧肌群（耻骨肌和缝匠肌）。

第一步： 平躺，双臂与肩同宽放在身体两侧，屈腿，使大腿与身体垂直。把瑞士球夹在两膝之间，小腿与地面平行。

第二步： 肩胛骨向下压，同时双腿夹球向左边移动。你的髋部要随身体一起滚动，但要尽量使你的躯干其余部位保持在地面上。

第三步： 起主导作用的左膝尽量接近地面，以感到舒适为宜，保持 5 秒，缓慢地控制膝盖移回原来的位置，再保持 5 秒。

第四步： 换另一侧，重复练习 20 次。

目标肌肉

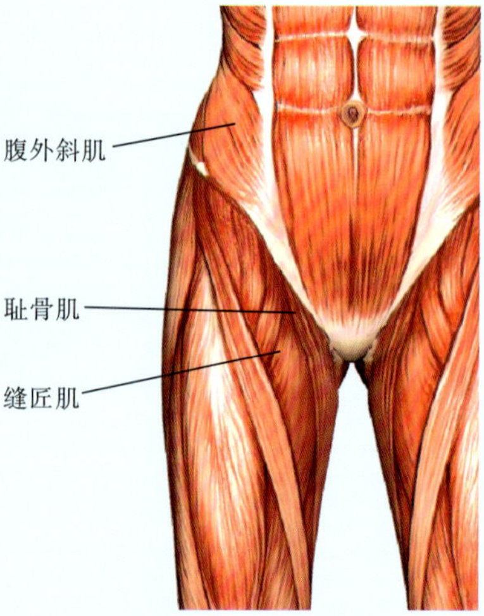

斜肌和大腿内侧

动作要领

- 保持大腿垂直于身体。
- 手臂和躯干平放于地面。

避免

- 动作过快或抖动。

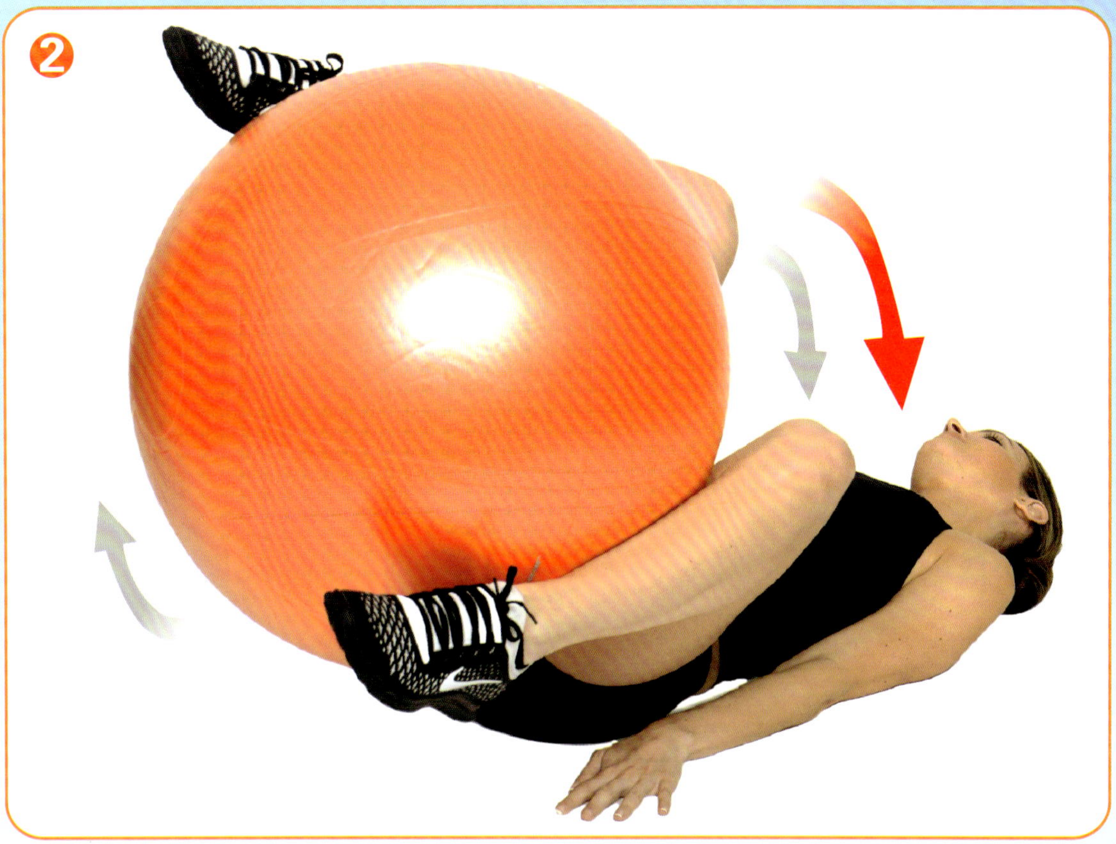

3

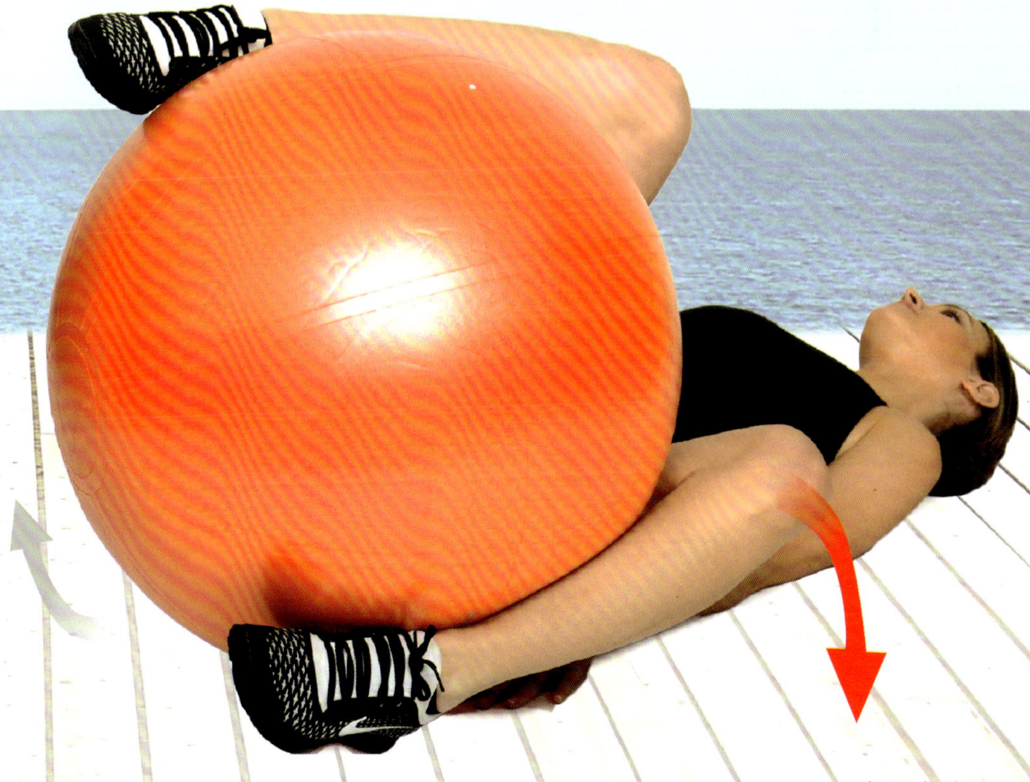

目标肌肉

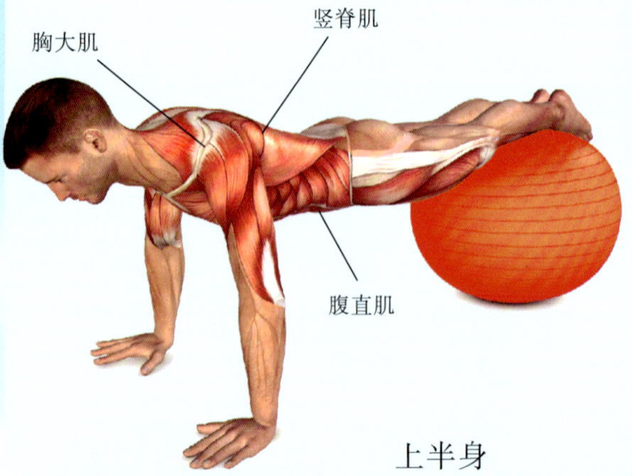

瑞士球俯卧撑

瑞士球俯卧撑是一项极好的上身力量训练和高效的核心力量锻炼方法。它能提高核心肌肉的爆发力和稳定性，大大增加经典俯卧撑的训练效果，同时也增加了挑战性。

第一步： 开始时脸朝下，脚趾及小腿贴在球上，双手分开撑于地面，比肩宽略小。

第二步： 开始降低你的身体，直到前臂与地面平行，然后再使手臂完全伸直。

第三步： 当身体再次下探时要保持核心肌群收缩用力，身体呈一条直线，重复12次。

动作要领

- 慢慢有控制地重复动作。
- 保持上身伸直和躯干稳定。
- 保持你的手和胸部在同一直线上。

避免

- 速度过快。
- 重复动作时幅度过小或过大。

1

2

髋部跨越运动

髋部跨越运动有助于增强腹肌力量和提高核心肌肉的稳定性。所有的地面上运动练习最好在瑜伽垫或体操垫上进行。

警告：下背部有问题者应避免做这个练习。

第一步：平躺，双臂伸展放在身体两侧。将腿放于瑞士球上，使臀大肌靠近球。

第二步：腹部肌肉收紧，将双腿偏向一侧，尽可能接近地面，但肩膀不能脱离地面。

第三步：回到起始位置，换另一侧。每一侧重复20次。

目标肌肉

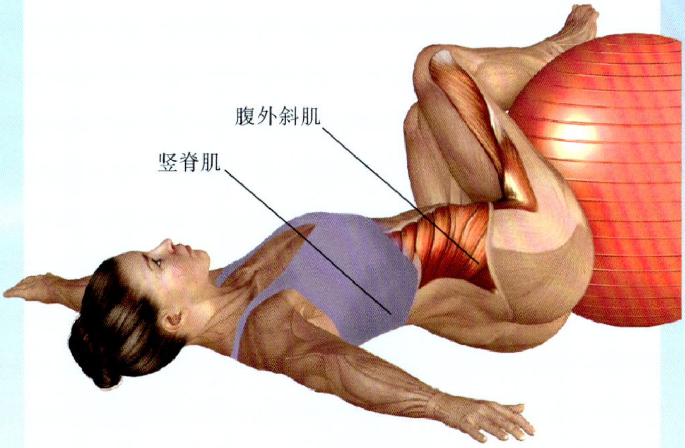

腹肌

动作要领

· 动作要尽可能保持平稳。

避免

· 过度摆动你的腿。

实心球练习

实心球是一种吸收冲击力的训练器械，用于增强身体的核心肌力、耐力、平衡能力和协调性，在运动锻炼中有广泛的应用。它的重量从2~25磅（注：1磅≈0.454kg）不等，用于提高运动员的爆发力。它们非常耐用，在高强度训练中可用于击打。

抛实心球

抛实心球是一项功能性运动，包含整个核心肌群的旋转运动。这项练习能显著增加肌肉耐力和核心肌群的稳定性。也可以在没有搭档的情况下独自完成，但此时请不要将球投出。

第一步：起式为站立姿势，手持实心球于头后。

第二步：将球举过头顶，然后向前做投掷动作，将球投给你的伙伴。

第三步：伙伴接到球后再投回，重复20次。

目标肌肉

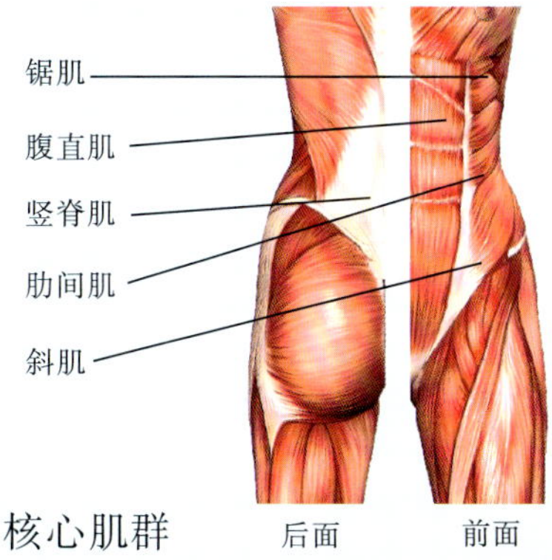

3

动作要领

- 可控的运动范围。
- 保持投掷的连贯。
- 核心肌群要保持紧张。

避免

- 速度过快。
- 向后倾斜太多。
- 无计划的随机训练。

实心球环绕

这个训练是一项很好的热身项目，也是各种常规运动锻炼中，迈向高级核心肌群训练的入门锻炼方法。它也是另一种核心肌力训练方法并且是前群核心肌肉的启动和热身方法。

第一步： 起式为身体直立，双臂伸直，于头部上方持球。

第二步： 双臂向下摆动到身体一侧，在整个运动中始终保持手臂伸直。

目标肌肉

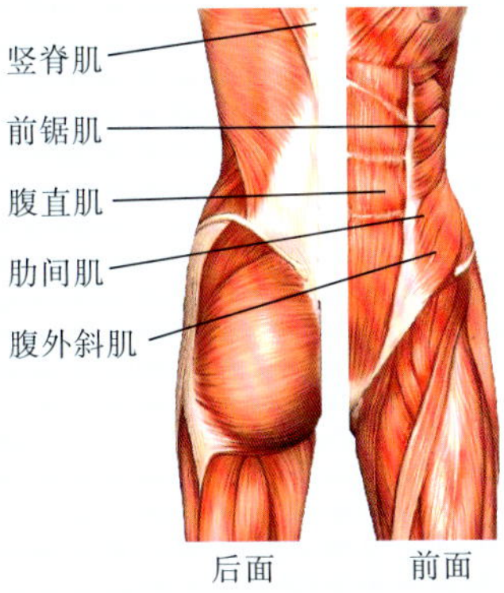

核心肌群

动作要领

- 在整个运动中保持躯干挺直。
- 保持核心肌群紧绷。

避免

- 持球旋转时避免速度过快。
- 背部拱起。
- 训练随机无计划。

第三步： 继续持球摆动到对侧，然后上举，即持续环绕举球运动360度。

第四步： 完成30圈，然后反方向再重复30圈。

倚在瑞士球上运转实心球

这项练习有助于提高上身稳定性和运动的协调性。它极大地锻炼了三角肌和上背部肌肉。背部的最大肌肉在学术上称为“背阔肌”。在你拉东西的时候背阔肌都在发挥作用。举个例子，当你打开冰箱时，你主要利用的就是背阔肌。因此，对于所有涉及拉力的运动来说，这是一项很好的功能练习。

警告：如果你有肩部问题，不要做这个练习。

第一步：头部和肩膀支撑在瑞士球上，躺于球上，双臂伸直。两脚分开，与肩同宽，放于地面。将实心球举起在胸部上方，两臂完全伸直。

第二步：尽可能向后弯曲手臂，将球举至头后方。

第三步：伸直并抬高手臂，回复到初始位置。

第四步：以上一组动作重复15次，完成三组。

目标肌肉

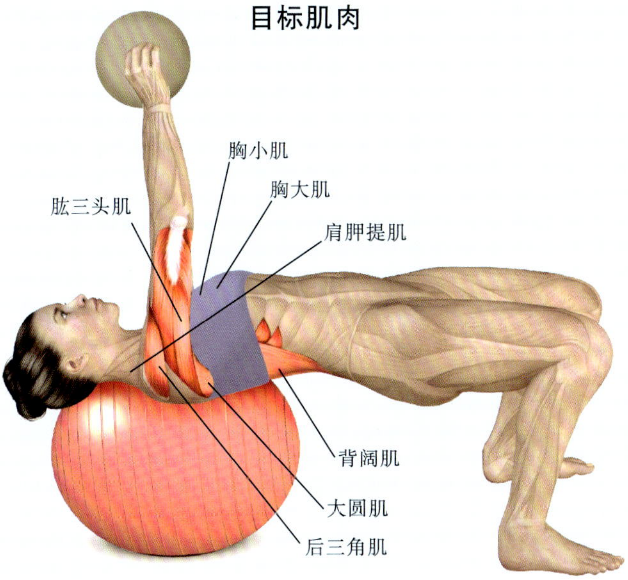

肱三头肌

动作要领

· 整个练习中保持身体放松。

避免

· 手臂向头后方伸展过程中僵直。

实心球俯卧撑

实心球俯卧撑训练是一项加强版的俯卧撑练习。正确完成这种俯卧撑动作是极具挑战性的双核心肌力训练。你需要将身体绷直，从头到脚保持在一条直线上，臀部不能有一点儿下沉。这就需要使用你的全部核心肌群，包括腹肌、腰背肌和臀肌。

第一步： 起式为普通的俯卧撑姿势，将实心球或木块放于双手下面，慢慢地将身体重心向前，直到你的肩膀到达手和球的正上方。

第二步： 如同做普通俯卧撑动作一样，将身体挺直向地面下降，直到胸部几乎接触到球。保持躯干绷直，头与脊柱在同一直线上。

第三步： 手臂下推、撑起，同时避免躯干下沉或者臀部抬起。继续撑起，直到手臂肘关节完全伸直。

第四步： 重复直至疲劳不能继续进行为止。

目标肌肉

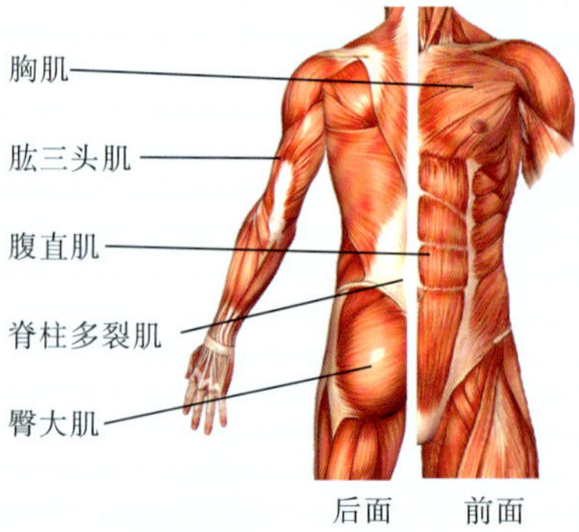

核心肌群

动作要领

- 确保胸部在手部之上。
- 整个过程保持核心肌群紧张用力。
- 整个身体从头到脚都在一条直线上。

避免

- 速度过快。
- 臀部下沉。

增强式俯卧撑

增强式俯卧撑与普通俯卧撑类似，但它针对的是更多的核心肌群。这是一项增强式快速拉长缩短训练，需要精准和爆发力。可以用实心球或木块进行这项练习，这里我们展示的是实心球与俯卧撑，提高了练习难度。

第一步： 起式为单手持实心球或木块俯卧撑姿势。

第二步： 如同做普通俯卧撑一样，身体绷直下降，但当你的手向上撑起、手臂伸直的一刹那，迅速用另一只手替换这只手，握住实心球或木块。

第三步： 来回交替双手，每侧重复15次。

动作要领

· 确保你的胸部在手部之上。

· 全程保持核心肌群紧张用力。

避免

· 速度过快。

· 整个运动中起伏过多。

目标肌肉

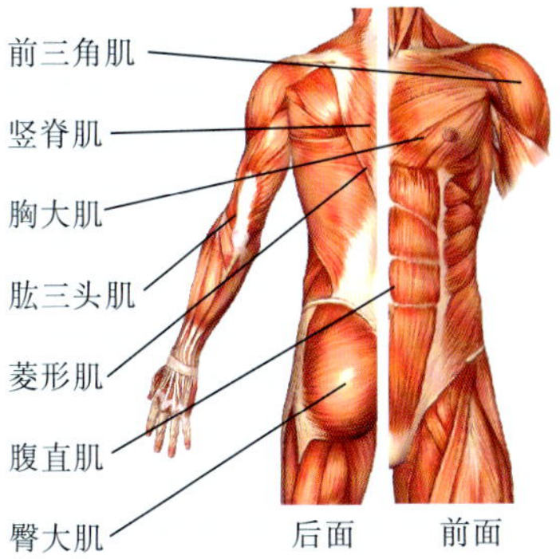

核心肌群

变式

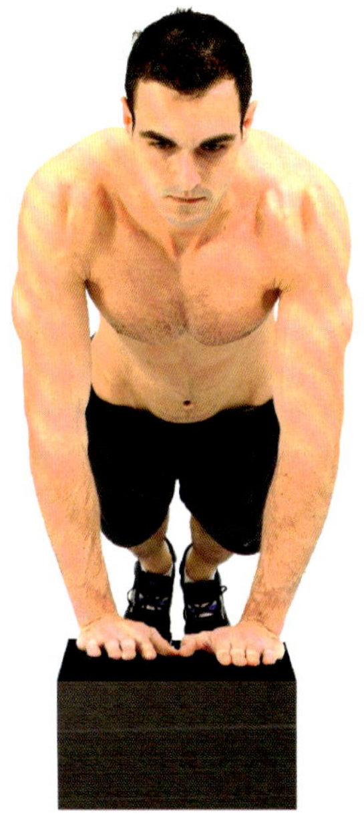

仰卧起坐式投掷

仰卧起坐式投掷练习是强化腹肌的力量训练方法，需要有搭档一起练习。这组动作非常有趣并且具有挑战性，它与常规方法不同，需要专注力和把握时机。

1

2

第一步： 开始时背部紧贴地板，双腿弯曲，双脚稳稳地踏在地板上。双手抓住实心球，将它置于头后方。

第二步： 双手离开地面向前摆动，同时抬起上身离开地面，收紧腹肌。

第三步： 将球投掷给伙伴。

第四步： 将球接回来，再躺下。如此重复20次。

目标肌肉

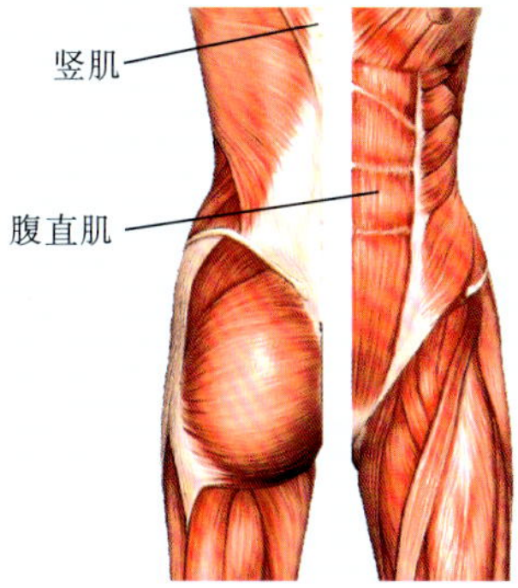

核心肌群

动作要领

- 用脚跟作为支撑点推球。
- 以收缩腹肌引导动作完成。
- 保持固定的运动幅度。

避免

- 过度使用颈部。
- 双脚离开地面。
- 对腰部施加压力。

3

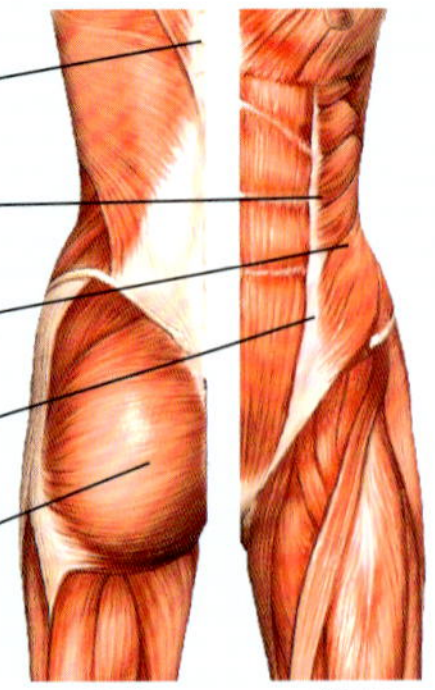

实心球猛击

实心球猛击练习是起动和热身前部核心肌群的有效方法；它是一种力量型训练，不仅需要爆发力还需要对准目标。做这项练习会有噪声，最好在坚实的地板上进行。

第一步： 直立，双手握住实心球，肘关节屈曲，将实心球置于头后方。

第二步： 将球越过头部，用力向下扔，同时下蹲。

第三步： 蹲位时抓住球。站起直立，重复20次。

动作要领

- 全程保持躯干挺直。
- 保持核心肌群紧张用力。
- 保持手臂弯曲。
- 眼睛盯住球。

避免

- 过度拱背。

爆发性深蹲

爆发性深蹲练习的目标是增强身体的稳定性，增强臀部和大腿的肌肉力量。不能提高平衡性，增强骨盆、躯干和膝关节的稳定性，同时有助于进行更强的运动模式。

警告：如果有肩部、腰部或膝关节严重疼痛，不建议做这个练习。

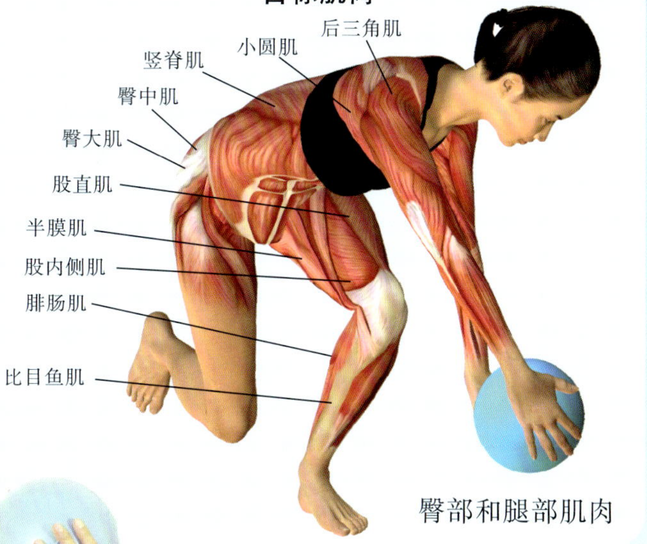

臀部和腿部肌肉

第一步： 开始为直立位，手握实心球在胸前。

第二步： 将重心移到左脚，右膝弯曲，右脚向后抬起。弯曲双肘，将球朝着右耳的方向拉起来。

第三步： 保持脊柱处于中立位，屈髋、屈膝下蹲。躯干下降并转向左侧，同时将球拉向左脚踝。

第四步： 左腿用力蹬地，使身体站直，膝盖和躯干返回到初始位置。每条腿重复做两组，每组重复15次。

动作要领

- 球在空中应有一定的弧度。
- 髋部和膝盖全程保持在一条直线上。
- 肩部和颈部必须保持放松。

避免

- 当身体弯曲和旋转时，膝盖伸直到脚趾后方。
- 脚离开起始位置。
- 脊柱弯曲。

自身体重训练

利用自身体重训练的好处是不受场地限制，不需要昂贵的仪器或成为健身房会员。俯卧撑、引体向上、下蹲、爬山、仰卧起坐等，就是利用自身体重来锻炼肌肉力量的独特方法，这些练习收获巨大，具有挑战性，练习效果令人满意。

下台阶

这是增强膝部肌肉的训练方法，它对肌肉产生很大张力，是一项具有挑战性的运动。它有两种变式调节运动难度：改变台阶的高度或改变运动的速度。运动速度越慢或台阶高度越高，运动难度就越大。

警告：如果你有任何的肩膀问题、脚踝疼痛、膝盖疼痛或腰部疼痛，不要做这种训练。

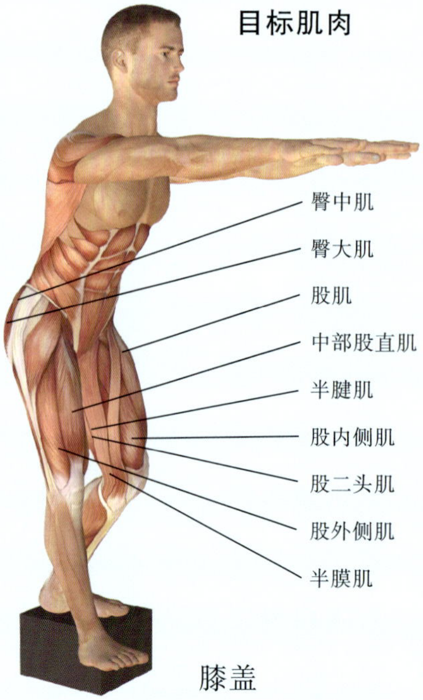

第一步：身体直立站在一块木块或台阶上，左脚接近边缘，右脚悬在外侧，屈曲右脚脚趾。

第二步：双臂向前伸直平举，与地面平行以保持身体平衡。髋部和膝部弯曲，躯干下降，右腿落向地面。

第三步：在不转动膝关节或躯干的情况下，左腿伸直撑起，让身体回到起始位置。每条腿做两组，每组重复15次。

动作要领

- 膝关节弯曲，使其与脚趾对齐——膝关节不要向内旋。
- 膝关节和髋关节要同步弯曲、移动。
- 髋部保持在脚后方，身体弯曲下降时，躯干向前倾斜。

避免

- 颈部前伸。
- 将身体重心放在台阶旁悬着的、正在下落地面的脚上，导致脚刚接触到地面动作即结束。

肌腱拉伸

肌腱拉伸练习针对的是小腿肌肉和肌腱以及足弓。这项拉伸练习在延展和增强小腿肌肉的同时，还锻炼髋部和大腿，有助于提高身体平衡性。

第一步： 双脚并拢站立，手臂前伸以保持身体稳定。双脚稳稳地站在地板上，脚趾向上弯。

第二步： 收腹，弯腰下蹲。保持脚后跟在地面上，胸部尽可能伸直，抵抗向前倾斜的力量。

第三步： 呼气，回到初始位置。身体向上挺起时想象你正压入地板，用自身的重力作用于你的腿部肌肉上。重复5～6次。

动作要领

- 胸部保持挺直。
- 保持收腹。
- 在整个运动中脚趾向上弯。

避免

- 脚后跟离地。
- 回到站立位时速度过快。

麦吉尔卷身

麦吉尔卷身可以训练到所有的腹部肌肉，同时保持腰部生理弯曲。它能够最大限度地减少对脊椎的压力，同时增强腹部肌肉的力量和耐力，有助于预防和缓解腰部疼痛。已有腰部问题者应避免这项训练。

第一步： 平躺，右腿完全伸直，左腿弯曲。双手手掌向下，放在腰背部下面。

第二步： 保持腹部肌肉绷紧，并稍微收缩，使头和肩部抬离地面。保持5秒。

第三步： 将头放下，如此重复10次，然后换腿。

目标肌肉

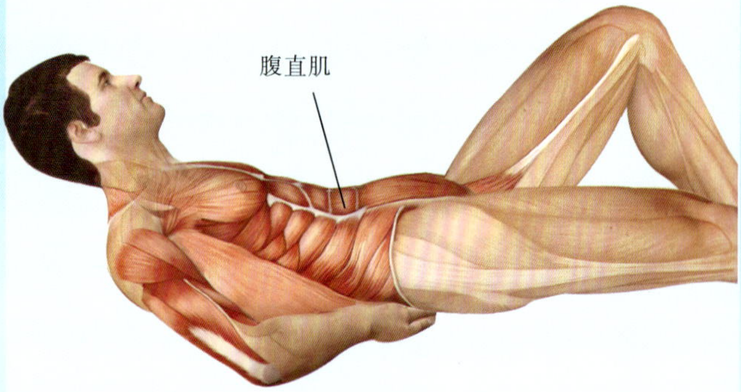

腹肌

动作要领

· 全程只有头部和肩膀可以离开地板。

避免

· 将腰部平贴在地板上。

腹肌提拉

腹肌提拉练习作用于腹直肌和更深层次的腹横肌。这项练习有助于身体塑形，提高稳定性和平衡性，同时能增强肌力。这项核心力量练习也有助于预防腰部疼痛。

警告：如果有颈部问题或腰部疼痛，不要进行这项运动。

第一步：伸直左腿，将右膝拉向胸部，大腿与地面约成45度。

第二步：把你的右手放在你的右脚踝上，把你的左手放在右膝上（这样可保持腿部的对齐）。

第三步：换另一条腿，同时双手位置对换。

第四步：两腿交替进行两次，保持手在腿的适当位置上，重复动作4~6次。

目标肌肉

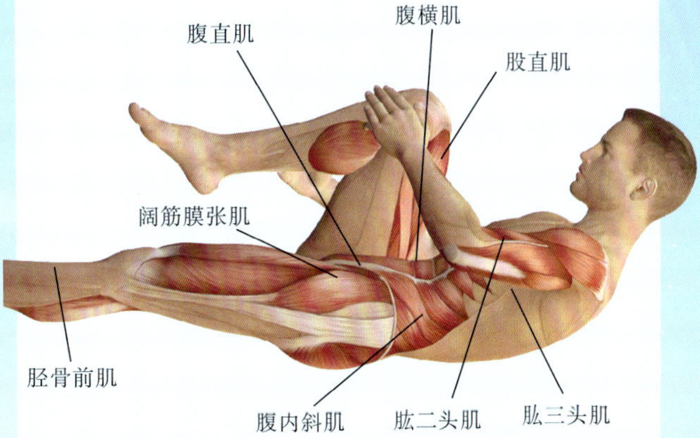

腹肌

动作要领

- 你的外侧手放在弯曲腿的脚踝上，内侧手放在弯曲腿的膝盖上。
- 胸骨的顶部向前抬起。

避免

- 让腰部抬离地板。
- 当两腿交换时用你的腹肌来稳定核心部位。

仰卧起坐

仰卧起坐对于腹肌的训练如同卧推训练对胸肌的作用一样，是一种高效的腹肌锻炼方法。标准的仰卧起坐被广泛应用于日常生活当中，是有其充分的理由的：这是一项完美的腹直肌训练方法，类似于卷腹训练，但仰卧起坐能够在全关节活动范围内锻炼腹肌，并使更多的肌肉参与运动。

第一步： 起式为仰卧位，双腿屈曲，双手置于头下。

第二步： 双脚支撑、下蹬，使躯干抬离地面，收缩腹肌，同时身体向膝盖方向抬起。

第三步： 躯干下降，再躺回地板上，重复20次。

目标肌肉

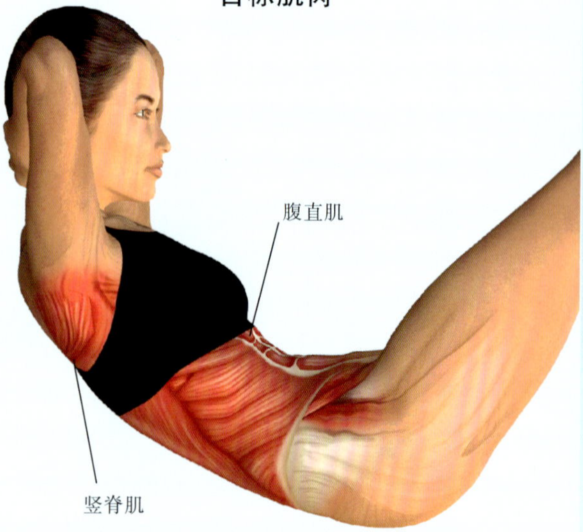

腹肌

动作要领

- 以肚脐为力量发起点。
- 身体下降时要缓慢可控。
- 运动范围适宜。

避免

- 过度使用颈部。
- 对腰部施压。
- 起得太猛。

仰卧起坐变式

仰卧起坐变式是经典仰卧起坐的升级版，能够有效地锻炼腹斜肌和腹直肌。这项训练是腹肌和核心力量锻炼的基础。

第一步： 平躺，双腿稍微弯曲，手置于耳后。

第二步： 通过你的脚后跟推动地面和支撑，躯干抬离地面。

第三步： 向左侧旋转，使你的肘部触到对侧膝盖，收腹。

第四步： 躯干回到地面，重复动作，旋转到另一侧。每侧重复15次。

目标肌肉

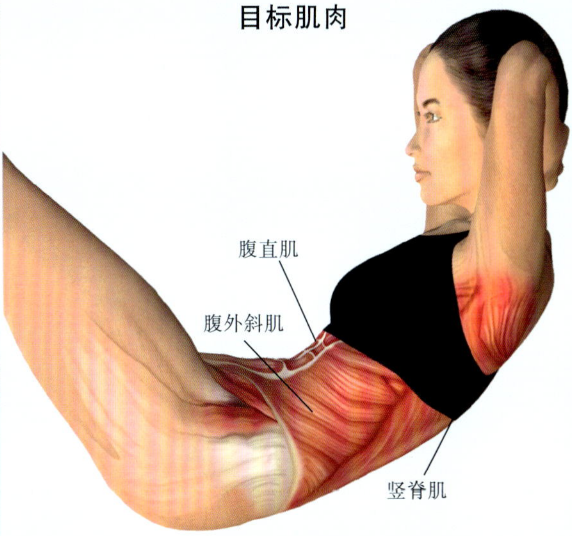

腹肌和斜肌

动作要领

- 以肚脐为力量发起点。
- 身体躺下时要缓慢并可控。
- 准确并利落地旋转。

避免

- 过度使用颈部。
- 对腰部施压。
- 头部向前移动太多。

卷腹（仰卧起身）

这是一项高效的腹部锻炼方法。仰卧起身虽然在动作幅度上比仰卧起坐要小，但对腹肌可形成更大的紧张力，而不需要太多其他辅助肌肉的参与。仰卧起身可通过以下方法提高难度：躺在斜向下的长凳上，在胸部放置重物，或手在头后拿着重物。仰卧起身也可将双手交叉放在胸前来进行。

第一步：开始为仰卧位，双腿弯曲，双手掌置于头下，肘部向外展开。

第二步：将头和肩膀抬离地面，躯干部向腰部收缩。

第三步：保持腰部平贴于地面，然后再躺下，再抬起。重复40次。

目标肌肉

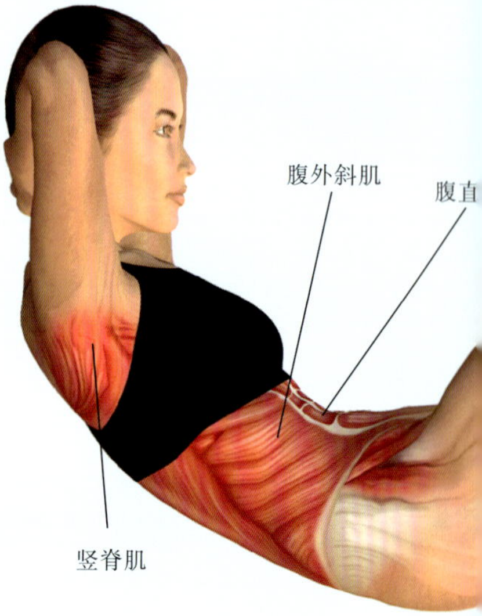

腹肌

动作要领

- 保持固定的小范围的运动。
- 腹肌紧张。
- 上腹肌收缩。

避免

- 颈部用力。
- 快速来回弹起样运动。
- 将腰部抬离地面。

变式

平躺，双腿伸直，双臂伸到头上方。

双腿不离开地面，在可控幅度内抬起手臂和躯干。

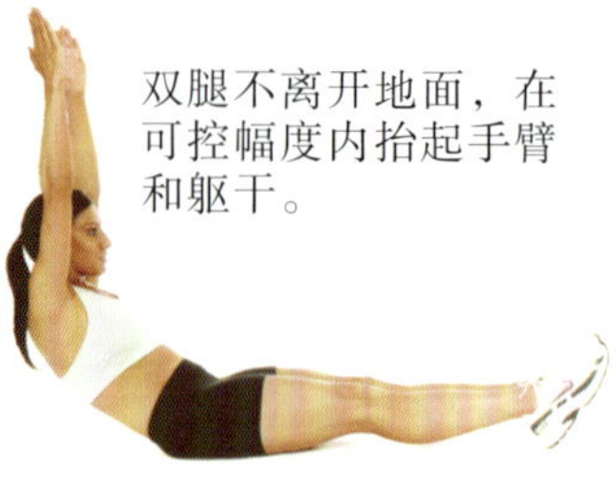

身体继续前屈，用双手抓住你的脚。

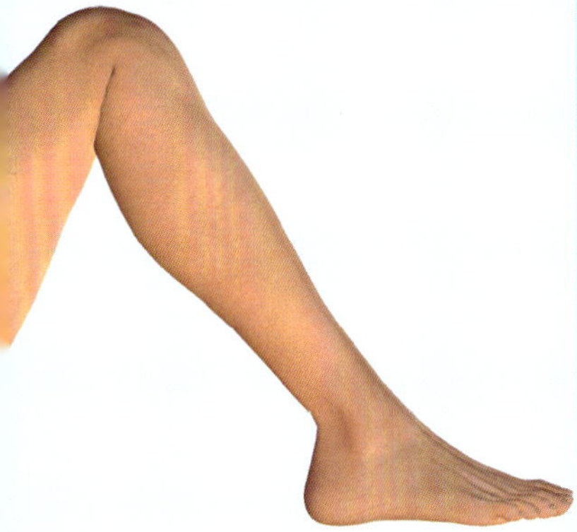

交替卷腹

交替卷腹是常规卷腹的加强版，除了腹直肌外它还可有效运动腹斜肌。如同做仰卧起坐变式一样。它是腹部和核心肌群力量锻炼的基础训练动作。

第一步： 开始为仰卧位，双腿弯曲，手掌置于耳后，双肘朝外展开。

第二步： 将头和肩膀抬离地面，同时向腰的方向收缩躯干，肘部向对侧膝盖旋转。

第三步： 重新躺下，换另一侧。每侧重复20次。

动作要领

- 以肚脐为力量发起点。
- 躺下时要缓慢并可控。
- 准确并利落地旋转。

避免

- 过度使用颈部。
- 腰部受力。
- 头部向前移动太多。

变式

开始时双脚放于地面，然后把外侧的脚放于内侧大腿膝盖附近。

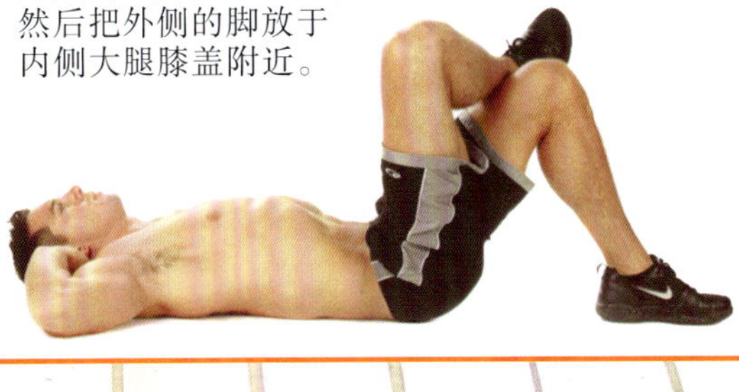

用内侧肘接触外侧腿的膝盖，重复6次。换腿重复动作。

侧抬腿卷腹

侧抬腿卷腹是一项躯体弯曲运动，也是传统卷腹的变式。虽然运动范围比仰卧起坐要小，但能够对腹肌和腹斜肌产生更大的张力，且不需要太多辅助肌的帮助。

第一步：起式为侧躺，双腿微微弯曲，下面的手放在腹部，上面的手置于头后方。

第二步：将头和肩膀抬高离开地面，同时让双腿抬离地面，两脚保持紧贴在一起。

第三步：重新躺回地面，重复20次。

目标肌肉

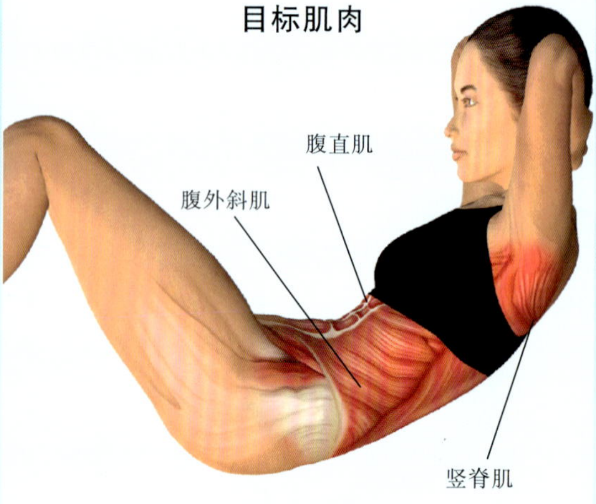

腹肌和斜肌

动作要领

- 运动幅度固定。
- 腹肌收缩。
- 保持两只脚紧贴。

避免

- 颈部用力。
- 快速来回地重复。

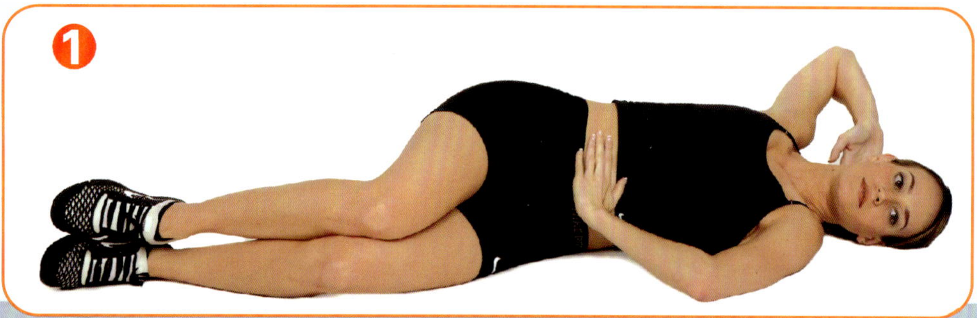

双腿按压腹肌

尽可能向股四头肌施压是一项训练核心肌群的极好方法。如果你感觉双腿难度太大，可以一次只对一条腿进行训练。

警告：如果你有背部疼痛或髋部疼痛，不要进行此项运动。

第一步： 起式为平躺位，将双膝和双脚抬高到齐平高度。使大腿与躯干成90度角，双手放在膝盖前面，手掌分别放在双腿上，指尖朝上。

第二步： 足部屈曲，同时屈肘并贴在身体两侧。使双手与膝盖对接施压，产生阻力，腹肌用力。保持1分钟，然后重复5次。

目标肌肉

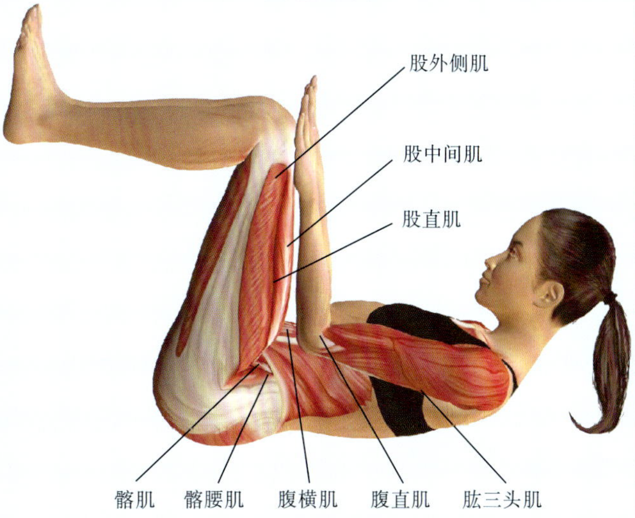

核心肌群

动作要领

- 肘部紧贴身体两侧。
- 肩膀和颈部保持放松。
- 足部屈曲，两个膝盖紧压在一起。
- 尾椎弯曲向上。

避免

- 运动过程中屏住呼吸。

柠檬挤压法

如果想更高强度地锻炼你的腹肌，可以试试柠檬挤压法，想象有一个柠檬在你的上腹部，为了挤压到它，你需要将腿部和躯干同时抬离地面并收缩腹肌。

警告：如果你有腰部疼痛，不要进行这项运动。

第一步：仰卧于地面。将头部、颈部和肩膀稍微抬离地面，注意不要拱起腰部。双臂抬起并与地面平行。

第二步：到达动作止点时停留保持一会儿，然后躯干缓慢下降，回到接近初始位置。

第三步：在并没有完全躺下的位置重复这个动作，重复做两组，每组15次。

目标肌肉

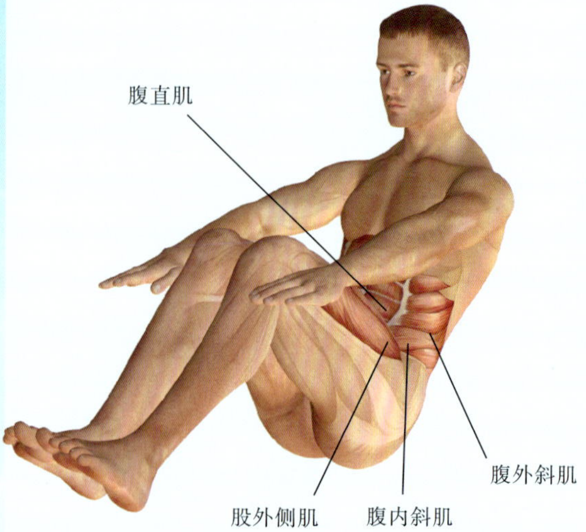

腹肌

动作要领

- 下颌内收。
- 在整个运动中两侧大腿要紧绷。

避免

- 肩膀上提，耸肩用力。

1

2

椅上卷腹

椅上运动尤其适合于长期伏案工作的人，以及需要椅子提供稳定性的老年人。因为腹肌是由相互连接的多个小肌肉构成，它们可从日常锻炼中获益，而几乎不需要中间休息一天。

警告：有腰部疼痛的不建议进行此项运动。

第一步：坐在椅子上，双臂伸直，用手抓住椅子两侧。

第二步：将躯干向前收拢，臀部稍微抬离椅子。同时抬腿向上。髋关节和膝关节屈曲90度角。

第三步：将尾椎骨朝着椅子前面的方向收拢，朝胸部屈曲膝盖，同时弯曲肘部。伸展肘部的同时肩膀下压。

第四步：保持头处于中立位，按住椅子，将腿降回到初始位置。重复两组，每组15次。

目标肌肉

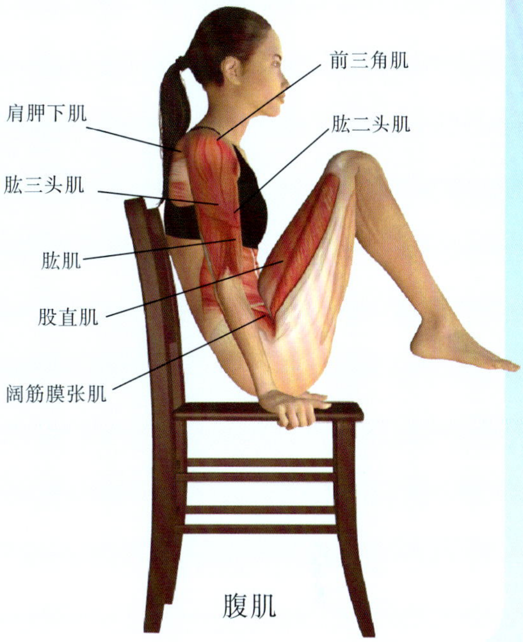

动作要领

- 在运动过程中，躯干处于中立位。
- 膝盖与脚踝对齐。
- 身体始终紧贴椅子。

避免

- 肩膀上提。耸肩用力。

斜向侧转身

这个练习能帮助你增强核心肌肉，进而促进这些肌肉发育以适应更高级别的训练。该练习针对腹肌和腹斜肌，并提高保持核心肌群稳定性的能力。

警告：有椎间盘突出的不要进行此项运动。

第一步：坐位，手臂向身体两侧伸直，并与地面平行。

第二步：收缩腹肌，腹部向后收紧，并向上伸展脊柱。

第三步：躯干转向一侧时同时向后转身。

目标肌肉

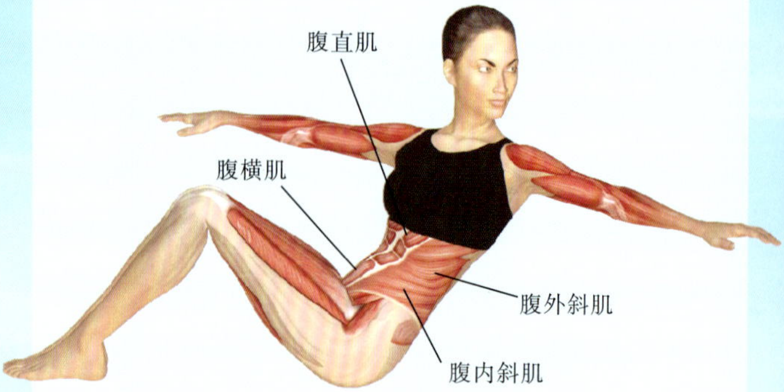

腹肌和斜肌

第四步：保持脊柱屈曲，将躯干转回至中心。

第五步：躯干转至另一侧，加强腹部收缩。

第六步：返回中心，重复动作，每侧4～6次。

1

动作要领

- 手臂伸直，躯干旋转时以产生对抗躯干运动的作用力。
- 颈部保持放松和伸长，避免肌肉拉伤。
- 当躯干旋转时，脊柱各个关节是联动的。

避免

- 颈部和肩部肌肉过于紧张。

2

跪位侧抬腿

这项练习主要针对竖脊肌，运动沿着脊柱进行并使躯干伸展。臀肌将协助运动，使腿向后伸。

警告：如果有剧烈的背部疼痛或腰痛，不要进行此项运动。

第一步：跪位，双手和双膝着地，脊柱处于中立位。

第二步：保持身体重心在中间，向身体外侧抬起右膝，并保持弯曲。

第三步：保持髋部位置不动，抬起或落下你的腿。重复10次，然后换腿。

目标肌肉

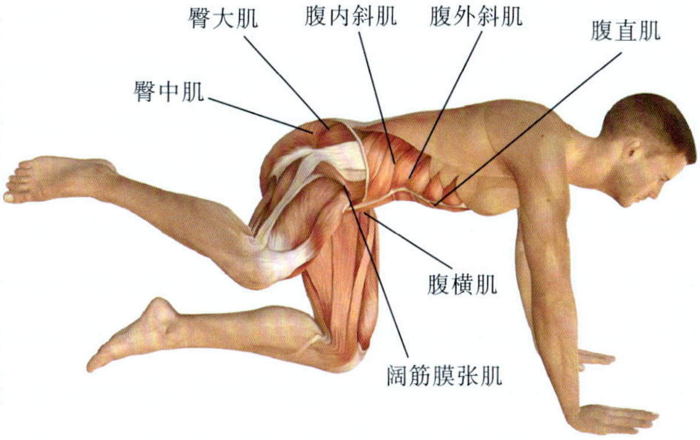

竖脊肌和臀肌

动作要领

- 脊柱保持中立位以防止腰部肌肉松弛。
- 收下颌，头保持中立位。
- 双手宽于两肩，压向地板，以防止双肩肩头下沉。

避免

- 抬腿的同时抬起髋部。

腹髋提升

腹部和髋部的提升运动能够增强腹直肌（该肌位于肋和髋部之间）和腹斜肌的力量。练习两组，每组重复10~12次，中间休息一会儿。这是一项锻炼下腹部肌肉力量的很好练习。

第一步： 仰卧，双腿抬高，两脚踝交叉，双膝伸直。两手臂放在地板上，置于身体两侧并伸直。

第二步： 两条腿紧贴在一起，臀部绷紧，手向下按，使臀部向上抬起。

第三步： 缓慢地落下髋部，重复10次。然后换另一条腿交叉在前面。

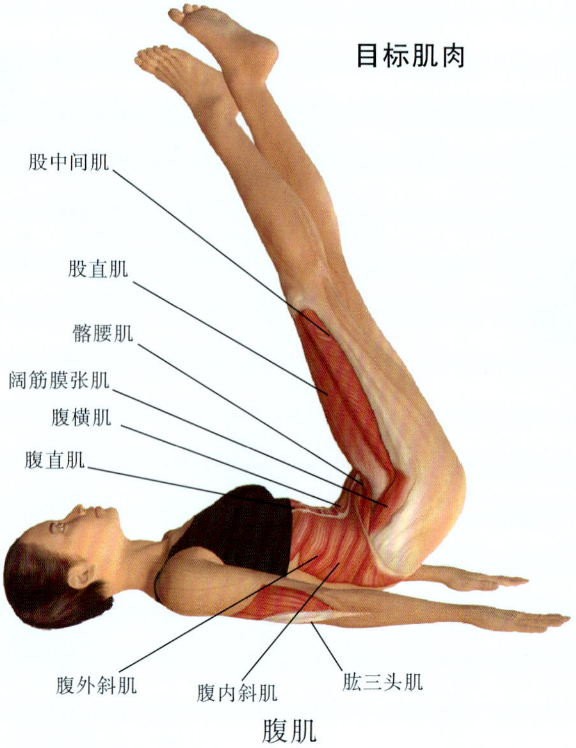

动作要领

· 运动中双腿始终绷直。
· 提髋时放松髋部和肩部。

避免

· 动作过快或急速提髋。

变式

保持臀部贴于地面，举起双臂向天花板。将肩膀抬离地面时双手伸向脚趾。

手爬行

这个练习可以很快地增强核心肌群前部和背阔肌的力量，同样也能锻炼腹肌，它是推轮腹肌练习的变式。因为它不需要设备，你可以在任何地方练习。

第一步： 垂直站立，双臂放于身体两侧。

第二步： 从腰部开始向前弯曲，双手置于你前面的地板上，两手分开比两脚间距离稍宽。膝关节尽可能保持伸直。

目标肌肉

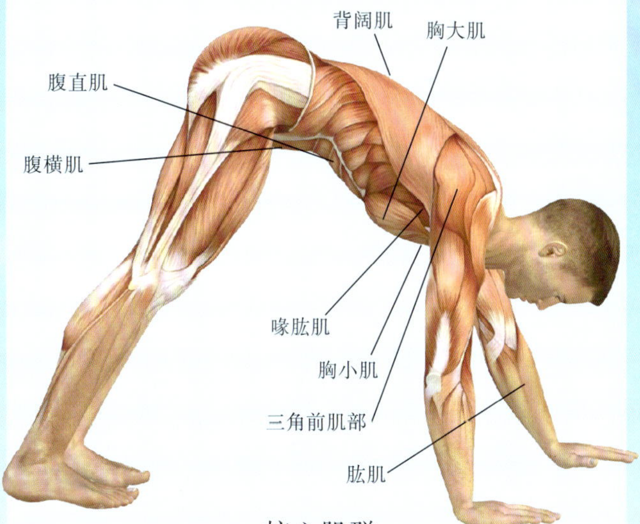

核心肌群

第三步： 用手慢慢地向前走，每次走一"步"。双手交替前行，尽可能走得远——最好是成为平板体式。

第四步： 双手再走回至初始位置，将髋部抬高，将躯干以髋部为支点抬起。

动作要领

- 脊柱和腿始终保持挺直。
- 运动中保持控制和稳定。

避免

- 弯曲膝关节。
- 脊柱塌陷。
- 肘部弯曲。

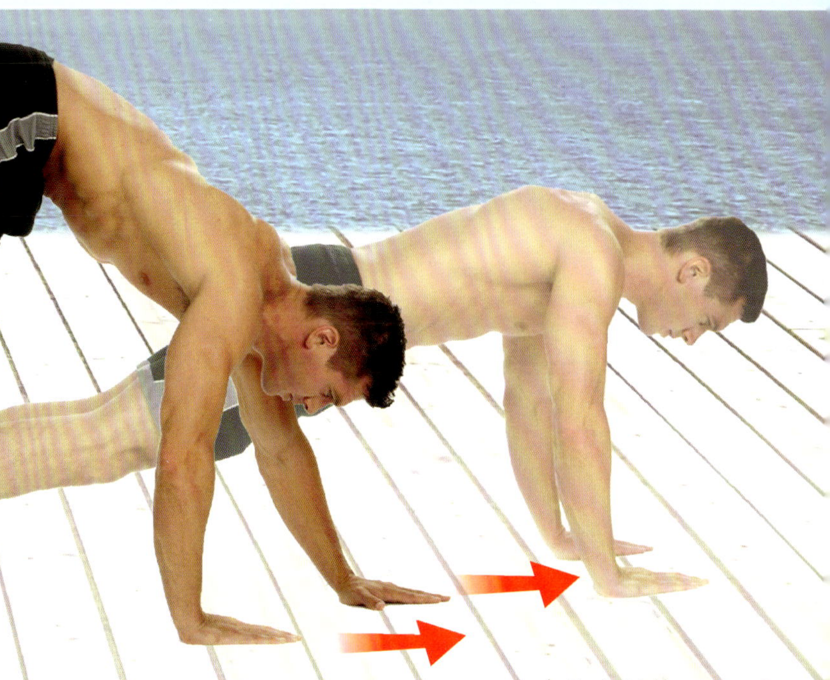

跪位侧踢

跪位侧踢是一项有助于收紧臀部的很好练习。它能增强臀部肌肉力量并塑形，特别是臀中肌（最小的臀部肌肉）。拥有强有力的臀肌有助于健康和平衡的运动模式。

警告：有手腕问题、严重背痛或肩部问题，不要进行此项运动。

第一步：跪姿，右手撑地，位于右肩正下方，手指向外伸出。左手放于脑后。抬起左腿达到髋部高度，伸直。

第二步：将左腿向后方拉伸，足部屈曲。腰部尽量不要移动。保持整个躯干在同一平面上，没有扭转。

第三步：将左腿绷直，向前面踢出。脚趾和腿要和髋部保持在同一高度。每条腿重复做10次。

目标肌肉

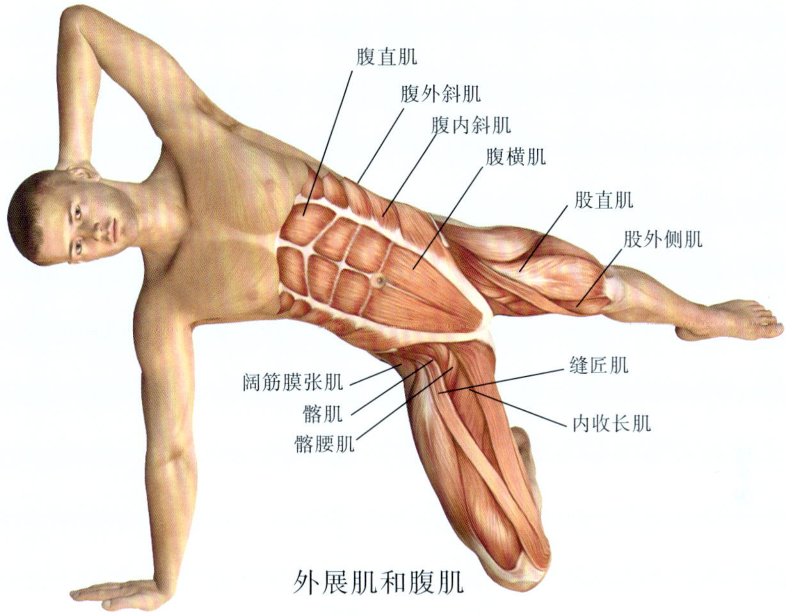

外展肌和腹肌

动作要领

- 用手臂支撑体重，维持身体平衡。
- 颈部保持伸直、放松。
- **身体对齐，使你的肩膀、髋部和腿在同一直线上，以便更好地激发深层肌肉。**

避免

- 抬腿时身体摇晃，应缩小运动范围。

大腿后摆

大腿后摆练习能够简单又有效地锻炼腹部和大腿肌肉的力量。

警告：有腰部问题的人不要进行此项运动。

第一步：开始为跪位，背部挺直，双臂放在身体两侧。

第二步：身体保持在一条直线上向后倾斜，同时收缩腹肌。

第三步：在身体后仰位，屈曲臀部肌肉，慢慢回到初始体位。重复10次。

动作要领

- 躯干保持在一条直线上。
- 动作要缓慢平稳。
- 后仰时腹肌保持收缩。

避免

- 身体过于后仰。

目标肌肉

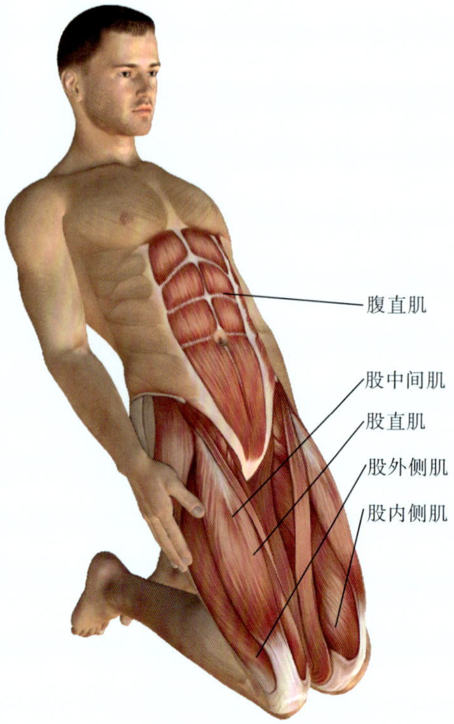

腹肌和大腿肌肉

站立高抬腿

站立高抬腿运动对于提高肌肉力量和稳定性很重要。它可以增强核心肌群、小腿和臀部肌肉力量，同时改善平衡能力。

第一步： 直立位，右腿置于左腿前面，双手臂伸直指向天花板，将身体重心转移到右脚上，抬高左腿使膝部与髋部同高。

第二步： 同时踮起右脚脚尖，肘部下降贴在身体两侧。双手握拳，形成卷腹。

第三步： 动作完成后维持一会儿，然后回到初始体位，换左腿重复整套动作。每条腿做10次。

目标肌肉

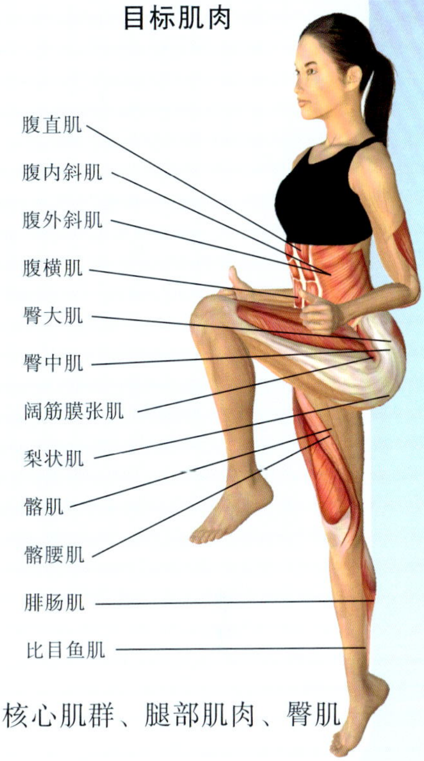

核心肌群、腿部肌肉、臀肌

动作要领

- 支撑腿踮起脚尖时要保持腿伸直。
- 手肘下降做卷腹运动时肩膀保持放松。
- 抬起的那条腿脚趾要屈曲。

避免

- 换腿时身体前倾。

桥式

桥式运动的作用是增强核心肌群力量、防止驼背和提高核心肌群的稳定性。在瑜伽里，这个动作称为肩倒立式收腹法；在普拉提里它就称为桥式。为了正确地完成这一动作，你需要保持身体在一条直线上。

第一步： 仰卧位，双腿弯曲，脚平放于地面上，手臂伸展放在地面，与身体平行。

第二步： 借助脚后跟的力量抬起骨盆，使躯干和大腿成一直线，保持30秒，再慢慢放下，重复3次。

目标肌肉

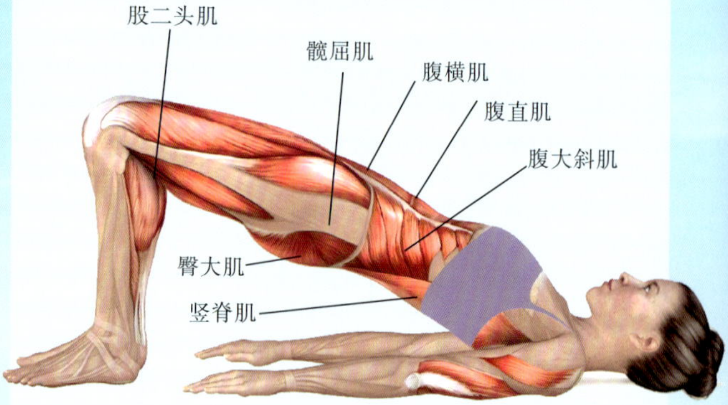

核心肌群

动作要领

· 借助脚后跟的力量而不是脚趾。

避免

· 在动作到位时，腹肌过伸超过大腿的高度。

抬腿桥式

这个动作锻炼腹肌、背肌和臀肌，同时提高平衡能力。这个练习可通过减小活动范围简化——仅将脚稍抬离地面。有必要的话，臀部抬起时将手放在髋部下支撑身体。

警告：如果你有颈部问题或是膝盖受伤，不要进行此项运动。

第一步：仰卧在地板上，双臂放在体侧，朝着脚的方向伸展。两腿弯曲，脚踏地面，抬起髋部和脊柱，直到膝与肩在一条直线上。将身体重心转移到双脚上。

第二步：保持两腿弯曲，让左膝向胸部方向抬起。放下左腿，直到脚趾与地面接触。整个过程保持骨盆在水平位。

目标肌肉

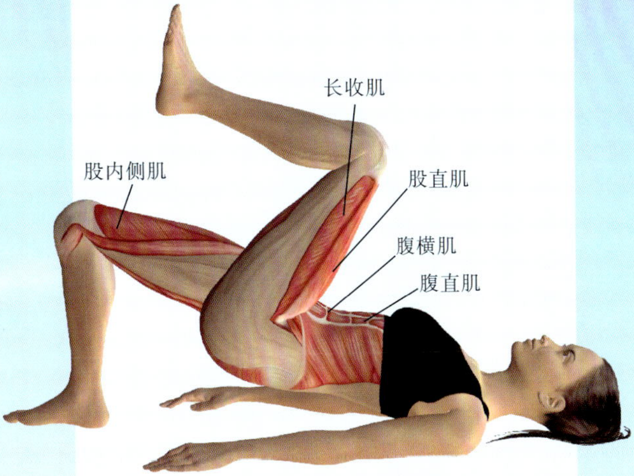

腹肌、背肌和臀肌

第三步：再将左腿朝着胸部方向抬起，重复4~5次。然后左腿回到地面，换右腿重复上述动作，重复4~5次。

动作要领

- 在整个运动过程中，保持躯干和髋部稳定。
- 当腹肌用力保持稳定时，臀部收紧。

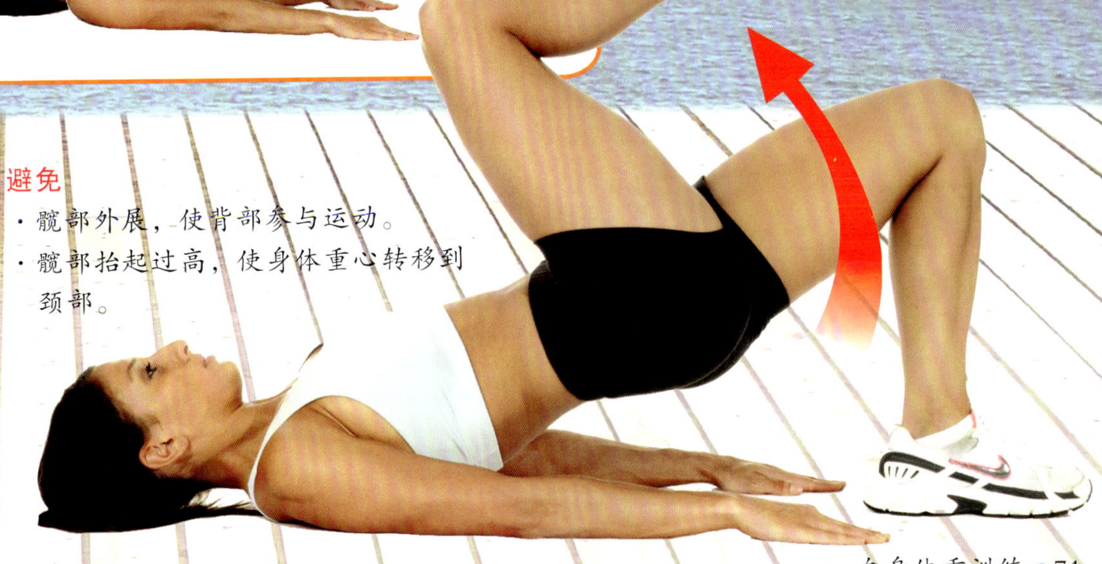

避免

- 髋部外展，使背部参与运动。
- 髋部抬起过高，使身体重心转移到颈部。

“V”形屈体

“V”形屈体运动是相当具有挑战性的锻炼方法，它通过一系列动作单独锻炼腹直肌，能有效地增强核心肌群的力量。运动时机把握和动作准确性是该运动能否达到最佳效果的重要因素。

第一步： 仰卧平躺，同时抬起双腿，抬高躯干，双臂前伸，直到几乎能触摸到脚。

第二步： 保持背部平直，用躯干和双腿摆出一个完美的“V”形，然后慢慢躺下。重复做25次。

目标肌肉

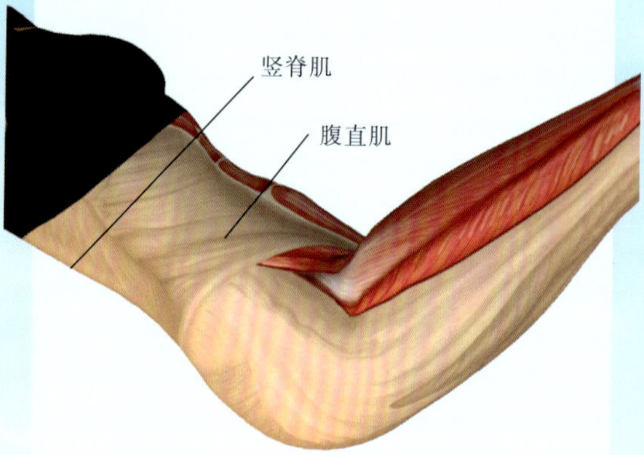

腹肌

动作要领

- 保持双臂和双腿伸直。
- 有控制地慢慢下落。
- 保持动作幅度不变。

避免

- 过度使用颈部。
- 腰部过度用力。
- 向上摆动过猛。

剪刀式

这项运动可以提高核心肌群稳定性，增强腹肌的力量和耐力。它也可以用一种变式来做：一条腿完成所有的动作再换另一条腿。腘绳肌腱紧张者不要进行此项运动。

第一步： 仰卧平躺，双臂放在体侧，双腿抬到与桌面同高的位置。

第二步： 吸气，收缩腹肌，腿向上伸直，头和肩抬离地面。伸展双腿时要保持这一体位。

第三步： 右腿向下伸直，左腿向上抬高，双手握住左小腿肚，来回震动两次，同时保持肩膀下沉。

第四步： 抬高右腿，左腿伸直，重复以上动作。

目标肌肉

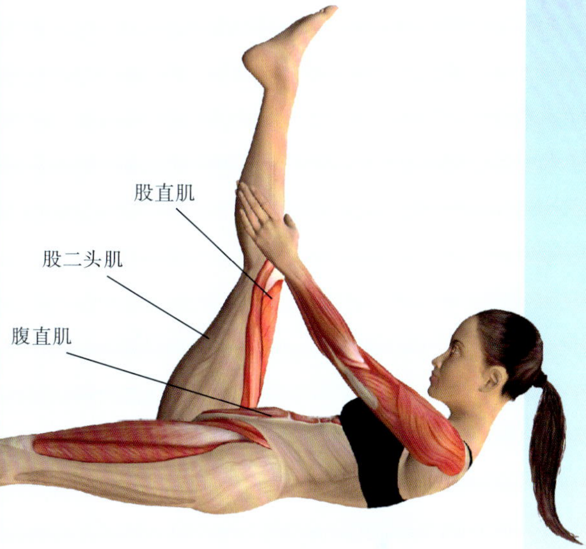

腹肌和腿肌

动作要领

· 保持骨盆稳定，脊柱伸直。

避免

· 过度拉伸抬高的腿。

抬腿

抬腿练习是强化腹肌的一项很好的训练方法，通常被称为“下腹肌”锻炼法——尽管这种说法并不正确，因为腹直肌是一块肌肉，并不分上下。“下腹肌”让人误以为肚脐以下部分的肌肉。

第一步： 仰卧位，手臂置于身体两侧，双腿伸出，脚尖和脚跟脱离地面。

第二步： 抬高双腿，直到接近髋关节屈曲90度角的位置。

第三步： 慢慢放下双腿，不要接触地面，重复25次。

动作要领

· 保持上半身绷紧。
· 双腿可控制地下落。
· 确保运作幅度不变。

避免

· 使腿接触地面。
· 腰部用力。
· 双腿左右晃动。

目标肌肉

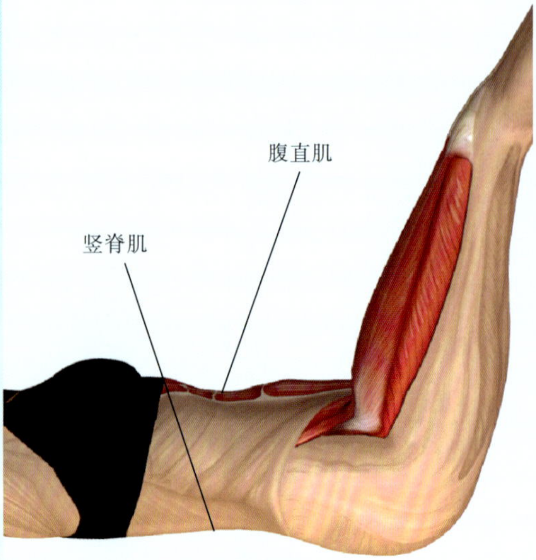

腹肌

单腿环绕

单腿环绕练习是锻炼核心肌肉力量最有效的方法之一。虽然是腿部运动，但腹部肌肉必须非常用力才能保持肩膀和骨盆在腿部运动时的稳定性。这个练习同时能够拉伸大腿，加强大腿肌肉张力。

第一步： 平躺在地板上，双腿和双臂伸展。将右膝屈曲向胸部，然后向上伸直右腿。身体其余部分紧贴在地板上，将双膝伸直，肩膀向地面下压。

第二步： 将抬高的腿向上、向左环绕身体，向左肩方向画弧运动，然后再回到身体中心，在运动末尾停顿一会儿，再继续重复上述运动。

第三步： 转换环绕的方向，使腿远离身体。换另一条腿重复上述动作，整个动作练习5～8次。

目标肌肉

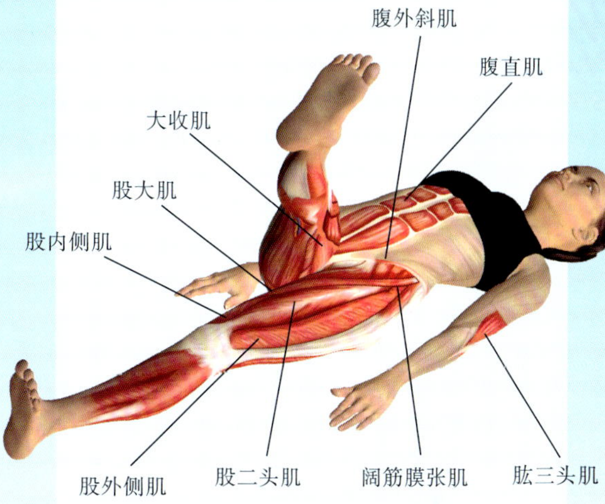

腹肌和大腿肌肉

动作要领

- 当抬高的腿运动时，保持躯干和髋部稳定。
- 抬高的腿应从髋部到脚部感觉拉伸变长。

避免

- 腿环绕轨迹过大不能保持稳定。

平板支撑

平板支撑是一项经典的核心肌力练习，它能提高支撑自身体重的能力。这项练习不适合孕妇。这项锻炼主要针对的是竖脊肌和腹直肌。进阶版更具挑战性：手臂完全伸展，肘部不着地，再继续第二步。

第一步： 趴在地板上，两个前臂相互平行置于地板上，屈肘90度。

第二步： 抬起膝部，将腿伸直与身体保持在一条直线上。维持30秒（逐渐增加到2分钟）。

目标肌肉

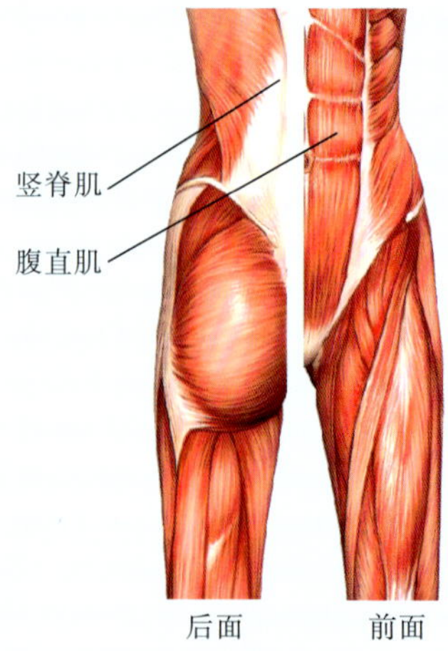

腹肌和竖脊肌

动作要领

· 收紧腹肌，保持身体在一条直线上。

避免

· 身体中部过度抬高，导致运动肌肉所承担压力变小。

平板支撑撑起

平板支撑撑起是在经典平板支撑的基础上的进阶动作，是更高强度的练成大块核心肌的练习动作。这个动作费力，重复性强，练习效果卓越。

第一步： 俯卧于垫子上，四肢着地，前臂贴于地板且互相平行，抬起膝部离开地面，伸直腿，直到身体和膝部保持在一条直线上。手臂和脚趾接触地面。

第二步： 用一只手着地撑起代替前臂支撑，将这只手的手臂完全伸直，直到整个上肢锁住固定体位支撑身体。然后换另一个手臂重复这个动作，直到完成俯卧撑动作的位置。然后每次将一个手臂慢慢放下，直至恢复到初始体位。重复做15次。

目标肌肉

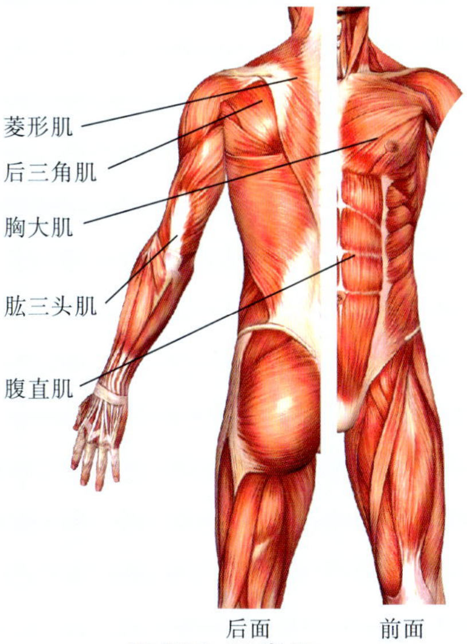

腹肌和竖脊肌

动作要领

- 保持身体支撑住。
- 单手进行练习。
- 运动幅度不变。

避免

- 对手腕施压。
- 突然身体下榻。
- 过度的冲力。

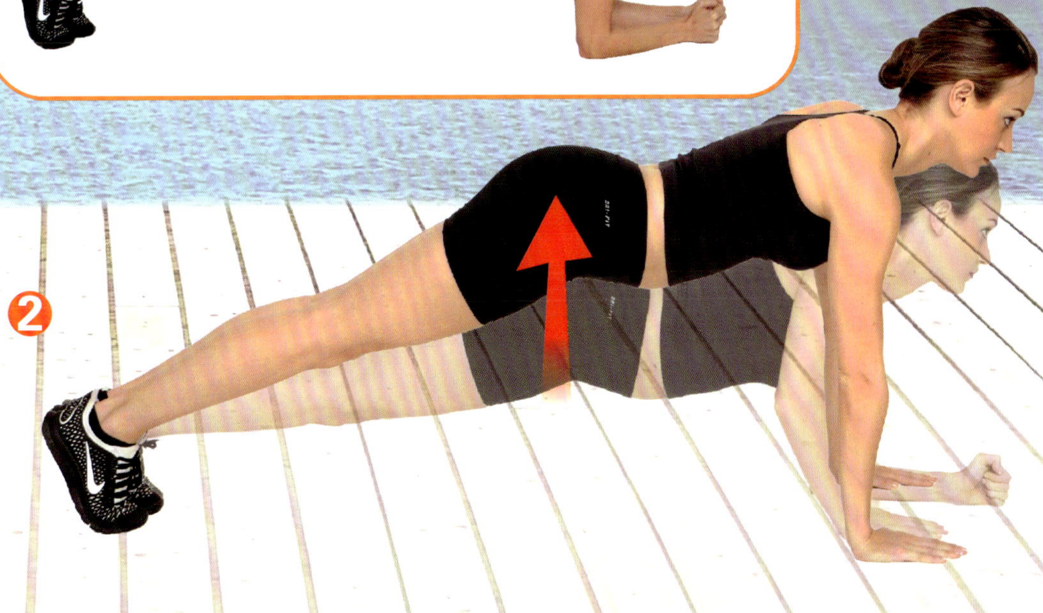

平板下压

平板下压是一项具有挑战性的运动，针对的是胸部肌肉和上臂肌肉。它的另一个好处是有助于稳定核心肌群，增强腹肌力量。

警告：如果你有手腕、肩膀和腰部疼痛，不要进行此项运动。

第一步：直立，重心均匀地分布在两脚之间。

第二步：颈部放松，从腰部开始弯曲，双手向下压并放在脚前面，手贴地面。

第三步：脚跟不动，双手交替向前移动，直到整个身体到达平板支撑的体位，使肩膀和脚跟保持在一条直线上。

第四步：保持手臂伸直，肩膀向下按压运动三次。同时保持平板支撑的体位。

第五步：双脚保持不动，双手再交替移动，向足部靠近，回到初始直立位。迅速地重复做10次。

动作要领

- 脊柱和腿部保持伸直。
- 动作缓慢平稳。
- 腹肌保持收紧。

避免

- 脊柱或膝盖弯曲。
- 肘部弯曲。

目标肌肉

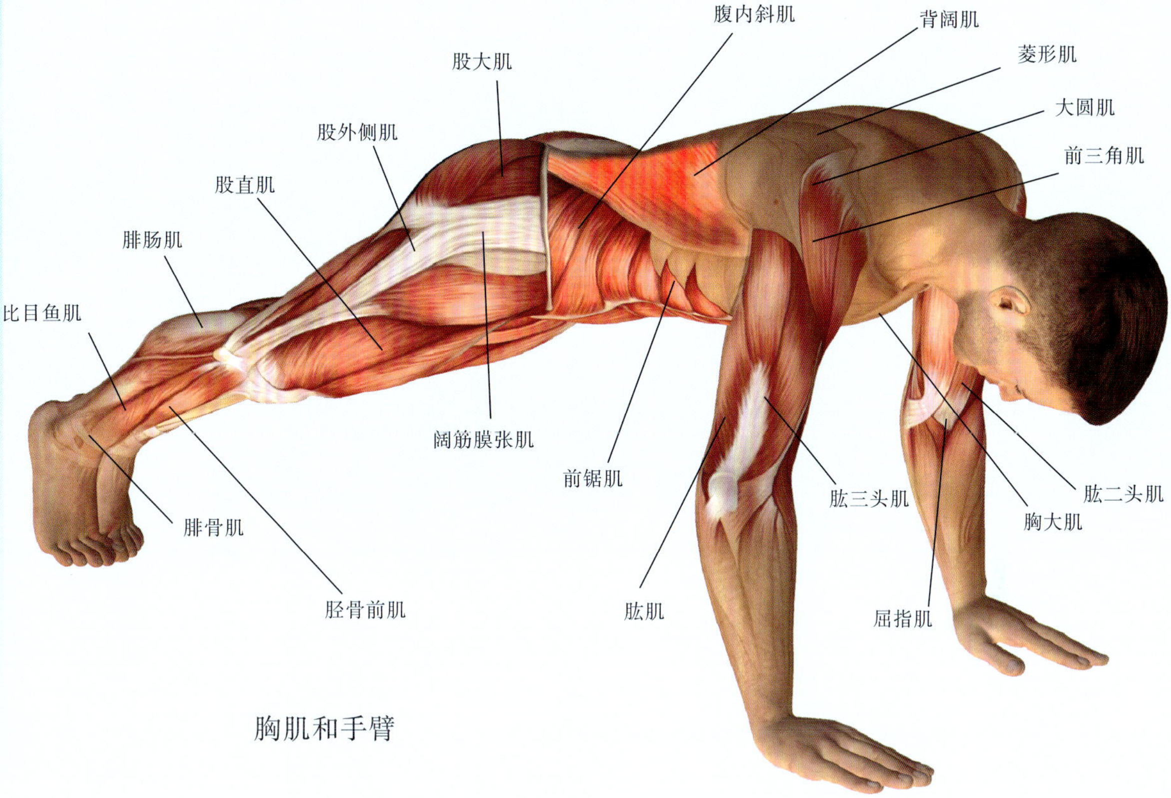

胸肌和手臂

变式

用肘部将身体下压至平板支撑位，而不是用手。

用你的前臂支撑躯干，同时维持平板支撑位，身体上下移动3次。

膝盖拉伸平板支撑

膝盖拉伸平板支撑不需要设备，你可以在任何地方练习。练习的目的是增强核心肌群的力量。你的腹肌会得到很好的锻炼，同时上肢的力量和耐力也将得到提高。运动过程中要保持动作缓慢和准确。

警告：如果你有手腕、肩膀或腰部疼痛，不要进行此项运动。

第一步：起式为标准的平板支撑位。

第二步：将左膝拉向你的胸部，身体前倾，左脚屈曲。右脚尖用力着地。

第三步：拉伸你的整条右腿直到脚后跟，背部降低，把重心放于你的左脚。

第四步：低头至双臂之间，同时向着天花板抬高并伸直左腿。每条腿重复整个动作10次。

目标肌肉

核心肌群、腘旁腱、臀肌和肩部肌肉

动作要领

- 全程保持身体在一条直线上。

避免

- 支撑腿的膝盖弯曲。

❶

❸

逆向平板支撑

逆向平板支撑是常被忽视的核心肌群练习，它能够单独增强臀部肌肉和腘旁腱。正确地完成它，还能够锻炼腹部和腰背部的肌肉。逆向平板支撑也可以用作康复锻炼，来提高脊柱和核心肌群的稳定性。

警告：如果你有手腕疼痛、肩膀或腰部疼痛，不要进行此项运动。

第一步：坐位，两条腿在身前伸直，手臂直接放于背后，手指向前伸直。

第二步：推你的手掌，使臀部抬高并脱离地面，直到你的身体从肩膀开始形成一条直线。

目标肌肉

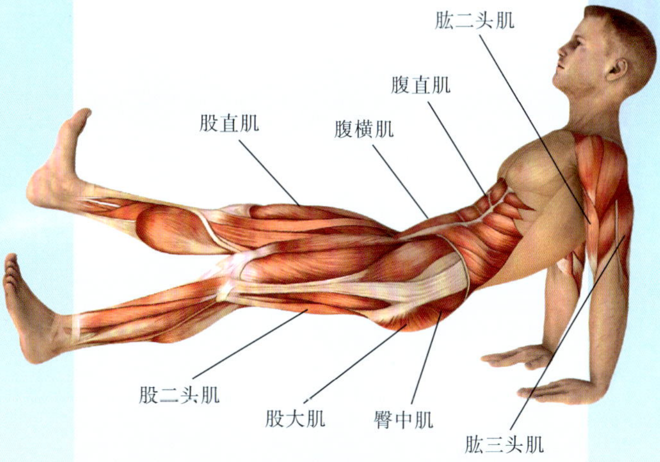

核心肌群、腘旁腱和臀部

第三步：抬高一条腿，维持30秒，然后换腿。

动作要领
- 运动过程中始终保持骨盆抬高。

避免
- 肩膀向后塌陷。

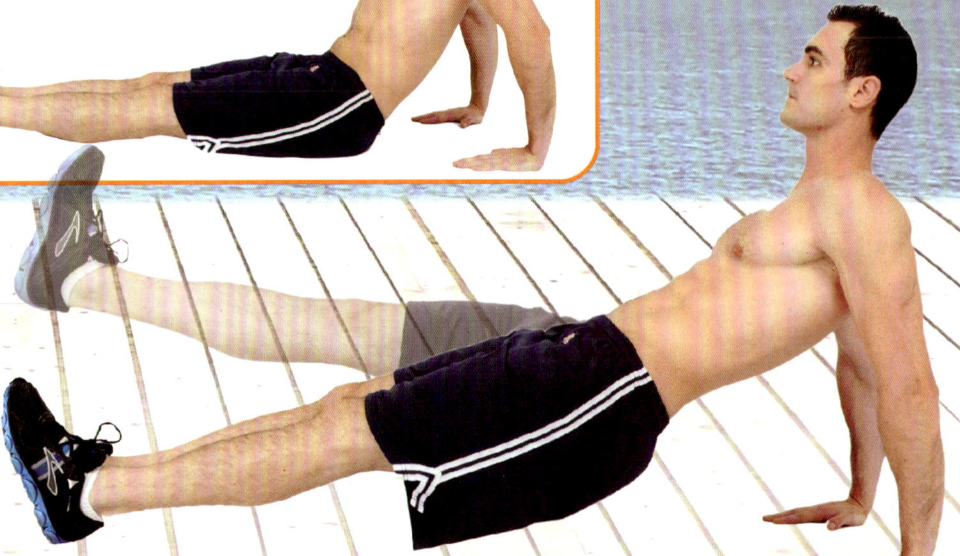

侧弯平板支撑

侧弯平板支撑对于刚开始锻炼的人群是很适合的，通过增加训练的时间来完成基本的平板侧向支撑将会大大增加肌肉强度。你会很惊奇，仅仅增加这么几秒钟，练习的难度居然有这么大！

警告：如果你有手腕疼痛、肩膀和腰部疼痛，不要进行此项运动。

第一步：侧卧位，用右手臂支撑躯干，手腕置于肩膀下方并保持在一条直线上。将左臂放在左腿上。两条腿紧贴在一起，同时两腿平行，脚部屈曲，收腹。

第二步：按压右手掌，使臀部抬离地面，让脚跟和头部在一条直线上。

第三步：维持直到力竭，换另一只手臂。

目标肌肉

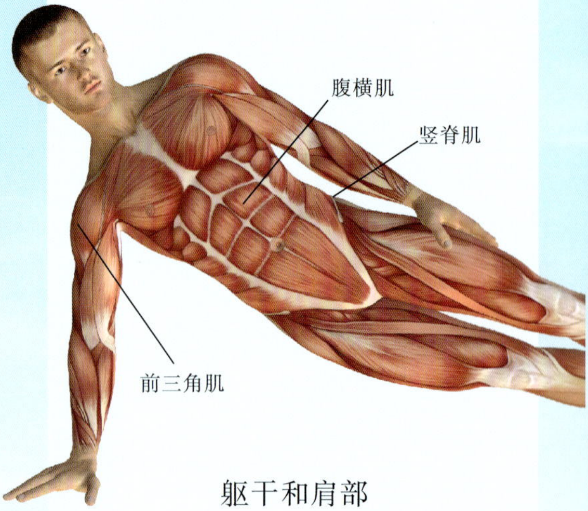

躯干和肩部

动作要领

· 整个运动过程中保持身体在一条直线上。

避免

· 支撑腿的膝盖弯曲。

变式

将支撑躯体的直臂变为曲臂，使其和肩膀在一条直线上。

按压你的前臂，使身体抬高到侧向平板支撑的位置。

小碎步

这项练习针对的是你的臀肌和大腿肌肉，还可以锻炼你的腹肌。这是一项简单的练习，完成动作的持续时间越长，越能提高效果。

警告：如果你有手腕疼痛、肩膀和腰部疼痛，不要进行此项运动。

第一步：仰卧位，两膝弯曲，两脚平放于地面。

第二步：将手放置在髋骨上，以便感受髋部从一边移到另一边。

第三步：朝着胸部抬高右膝，同时收腹，在到达动作顶点时维持不动。

第四步：继续用力收腹，放下右腿置于地面，同时控制住髋部的任何运动。

第五步：换腿重复做上述动作。重复直到你力竭为止。

目标肌肉

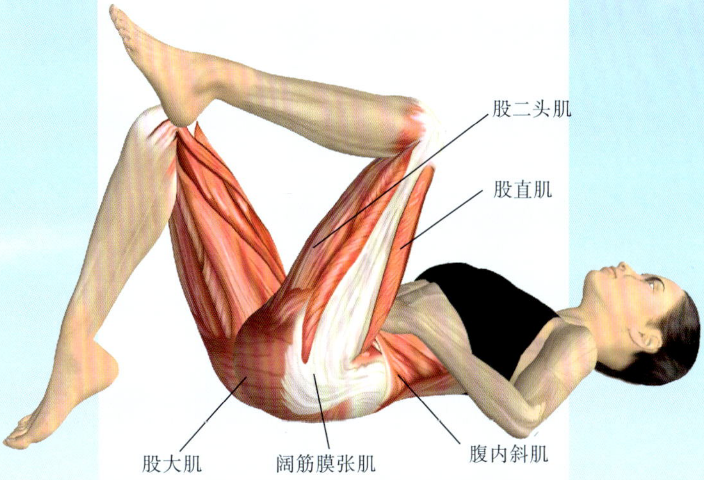

臀部和大腿

动作要领
- 整个运动过程中保持收腹。

避免
- 当双腿活动时，髋部跟着前后移动。

前进的超人

当你抬起腿部和肩膀，你的核心肌肉和腰部肌肉就会用力，这个中等强度的练习能够增强它们的力量。若想降低这个练习的难度，可以将双臂伸展至身前（超人），或在头下放个枕头来减小必须抬起的高度。

警告：如果你有手腕、肩膀和腰部疼痛，请不要进行此项运动。

第一步：脸朝下躺下，手肘弯曲，将手放于耳后。伸展你的腿，用力将大腿和脚趾压向地面。

第二步：吸气，抬起胸部和腿离开地面。

第三步：持续15~30秒。

第四步：呼气，将身体落回地面。

目标肌肉

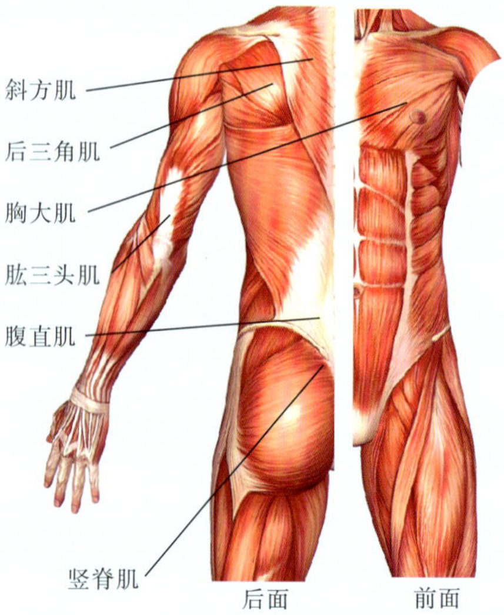

腰部

动作要领

· 运动全程保持身体在一条直线上。

避免

· 膝盖弯曲。
· 背部拱起。

俯卧脚跟拍打

俯卧脚跟拍打是很有效的普拉提动作，针对腹肌、大腿内侧肌和臀部肌肉，有助于塑身和获得紧实的臀部。这是垫上动作中，锻炼臀部最好的方法之一。你必须要记住的是，牵拉你的腹部肌肉，从你的背部一直牵拉到腿后，以便保护你的腰部。

警告：如果你有手腕、肩膀和腰部疼痛，不要进行此项运动。

第一步：脸朝下躺下，手臂在身体两侧，微微抬起，头向后方抬起。

第二步：抬起你的腿并稍微分开，脚略向外侧转。

第三步：两脚后跟互相敲击20次。

目标肌肉

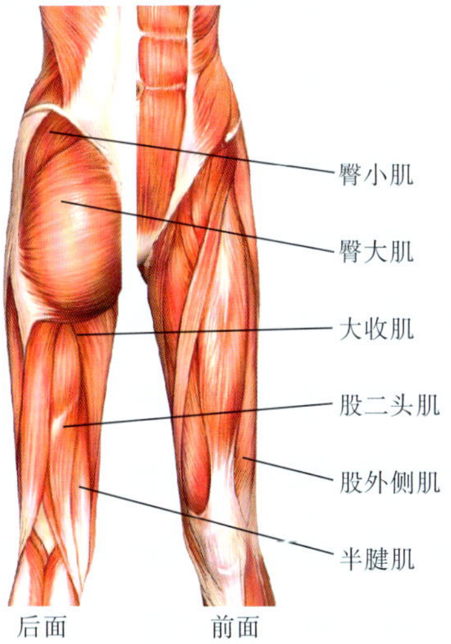

腹肌和臀肌

动作要领

· 运动全程保持腿抬高。
· 收腹。
· 控制动作不变形。

避免

· 肩膀过分用力。
· 运动草率。
· 不恰当的训练计划。

登山式

登山式是一种稳定性运动，它能够测试并增强很多肌肉的耐力，这些肌肉共同协作完成身体动作。这是一项费力的重复性运动，很简单有效。

警告：如果你有手腕、肩膀或腰部疼痛，请不要进行此项运动。

第一步：开始为完全俯卧撑位置，并保持身体在一条直线上。

第二步：抬起一条腿，并将膝盖尽可能靠近胸部，然后返回初始位置。

第三步：换另一条腿重复动作，每条腿持续做30秒至2分钟。

目标肌肉

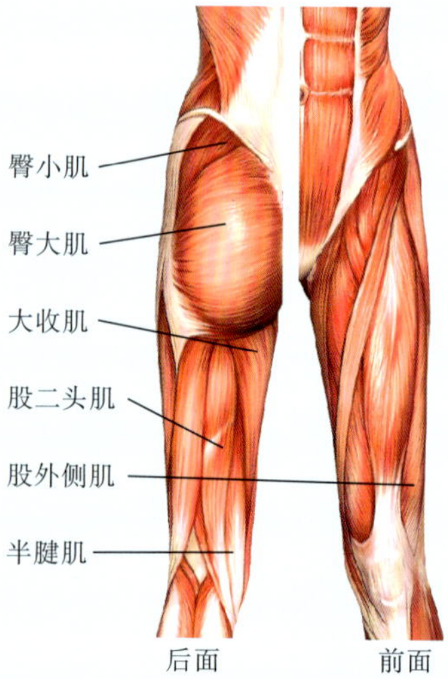

大腿

动作要领

- 运动全程保持核心肌肉绷紧。
- 运动全程保持呼吸正常。
- 脚趾轻轻点地。

避免

- 脚趾用力点地。
- 屏住呼吸。

俯卧撑

经典的俯卧撑练习是加强胸部和手臂肌肉的有效锻炼方法。俯卧撑有很多的变式，但是基础的俯卧撑不需要任何设备，仅靠自身的体重即可。这个练习可以在任何地方做，只要有整洁的平面并且有足够的空间使四肢伸展开。

第一步： 站直，吸气，收腹。

第二步： 呼气，缓缓下压脊椎，每次一小节，直到手接触前面的地面。

第三步： 用手向前走，直到双手位于你的肩膀下方，形成平板支撑的体式。

第四步： 吸气，收腹，臀部收紧，两条腿合拢并沿脚后跟牵拉，使你的身体形成一条直线。

第五步： 曲肘，身体朝着地面下落时要呼气和吸气，然后将身体推回到平板支撑位。始终保持肘部靠近身体，重复到力竭为止。

目标肌肉

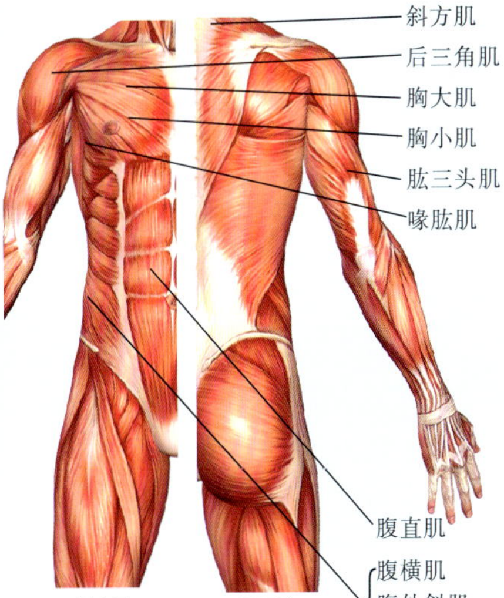

胸部和手臂

动作要领

- 运动过程中保持颈部伸长并放松。
- 臀部保持收紧，为运动的腹肌提供稳定性。

避免

- 肩膀朝着耳朵的方向抬高。
- 屈膝。

椅式

椅式是站立的瑜伽姿势，能够对全身特别是大腿塑形。这个练习对大腿是有挑战性的，并使心跳加快。椅式能够锻炼全身的力量和耐力。

警告：如果你有手腕疼痛、肩膀或腰部疼痛，不要进行此项运动。

第一步：开始为直立位。

第二步：双手举过头顶，膝盖弯曲，伸直上半身，向前倾45度。

第三步：保持双脚平放在地面上，通过脚踝向下按压，保持30～60秒。

目标肌肉

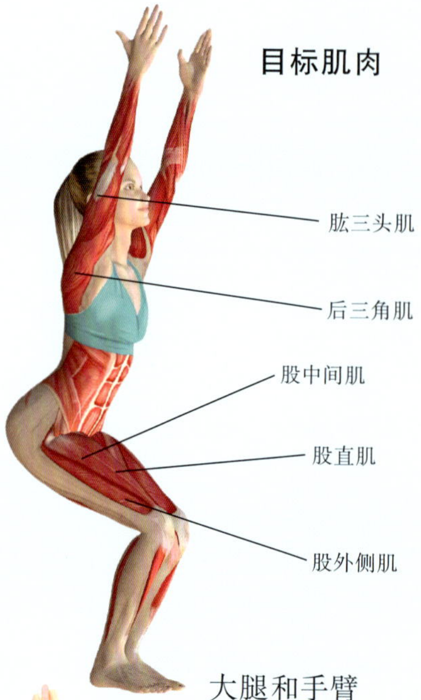

大腿和手臂

动作要领

· 运动全程保持腹肌收紧。

避免

· 背部过度拱起。

侧抬腿屈身

侧抬腿屈身是一项挑战核心肌群和肩胛带耐力的运动。它针对的是斜肌和腰方肌。这个练习也可做如下变式：将手臂向外伸展，和躯干成一条直线。

警告：如果你有手腕、肩膀和腰部疼痛，不要进行此项运动。

第一步：左侧卧，将左手放在你的头部后面，右臂平放于右侧大腿上。两条腿收拢在一起。

第二步：收紧腹肌，将两条腿抬离地面。

第三步：将右手在伸展的腿上向前滑动，抬头，同时收缩腹部上下斜肌。每边重复10次。

目标肌肉

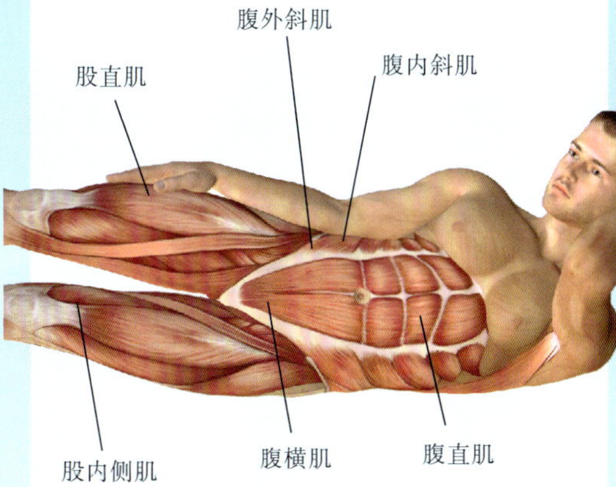

腹肌和大腿

动作要领

- 为更好地稳定骨盆，在抬臂之前，紧缩臀部。
- 伸长脖子。
- 卷腹时将手臂放腿上。

避免

- 对脖子施压。

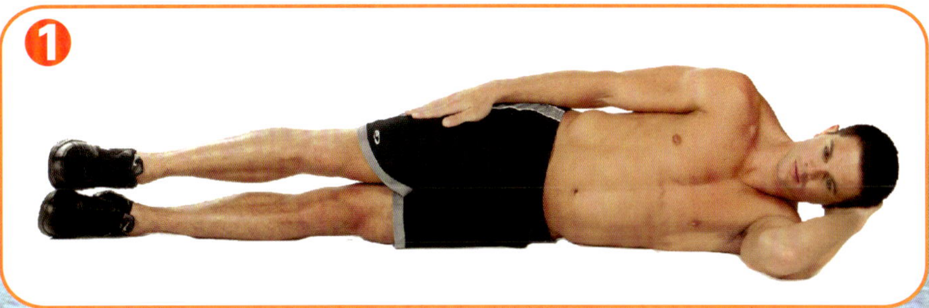

四足运动

四足运动是核心肌群的稳定性训练，要求许多肌肉一起协同运动来完成。它的变式难度更大，即从上半身挺身姿势开始。四足运动对于锻炼核心肌群和腰部是非常有效的。髋部和肩膀的伸展有助于上下肢的运动，同时提高全身的协调性和平衡性。

第一步：跪位，双膝和双手着地，两脚分开与肩同宽。

第二步：将一条腿充分伸展，对侧手臂在前面伸直。持续10秒，收缩腹肌并拉紧大腿的肌肉。尽可能持续更长的时间。

第三步：回到初始位置。

第四步：重复20次，然后换另一侧继续。

动作要领

· 开始时膝盖弯曲90度。
· 收缩腹肌。
· 保持背部平直。

避免

· 手腕过度用力。
· 草率的运动形式。
· 激发肌肉时不协调一致。

目标肌肉

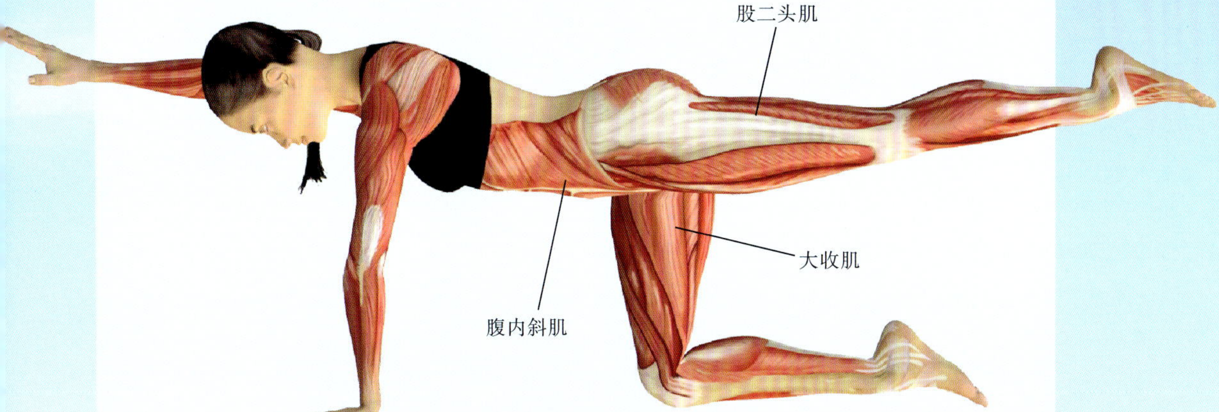

腹部和大腿

变式

以平板支撑体位开始，替代跪式，抬起对侧的手臂和腿。

蚌壳系列运动

蚌壳系列运动是锻炼腹肌稳定性的一种简单有效的训练方法，同时它也作用于内收肌和外展肌，对于提高骨盆的稳定性也有益处。这个练习针对的是臀部肌肉和腘肌腱，使臀大肌和臀中肌大量参与运动，当你完成的质量足够好，这个特点尤其突出。如果在你的膝盖周围加一个阻力带，这个运动的挑战性会进一步提高。

第一步： 侧卧，用一只前臂支撑，膝盖并拢，另一只手放在髋部或你前面的地板上。

第二步： 上面的腿略微弯曲并打开，同时保持脊柱挺直和身体稳定。开合你的腿10次，并保持两只脚紧挨在一起。

第三步： 抬高脚踝并离开地面，开合腿10次，仍保持两只脚紧挨在一起。

第四步： 换另一条腿重复上述动作。

动作要领

- 在整个运动过程中保持躯干挺直。
- 控制运动幅度。
- 保持两只脚收拢在一起。

避免

- 抬起膝盖时髋部也抬起。
- 动作随机不稳定。

1

目标肌肉

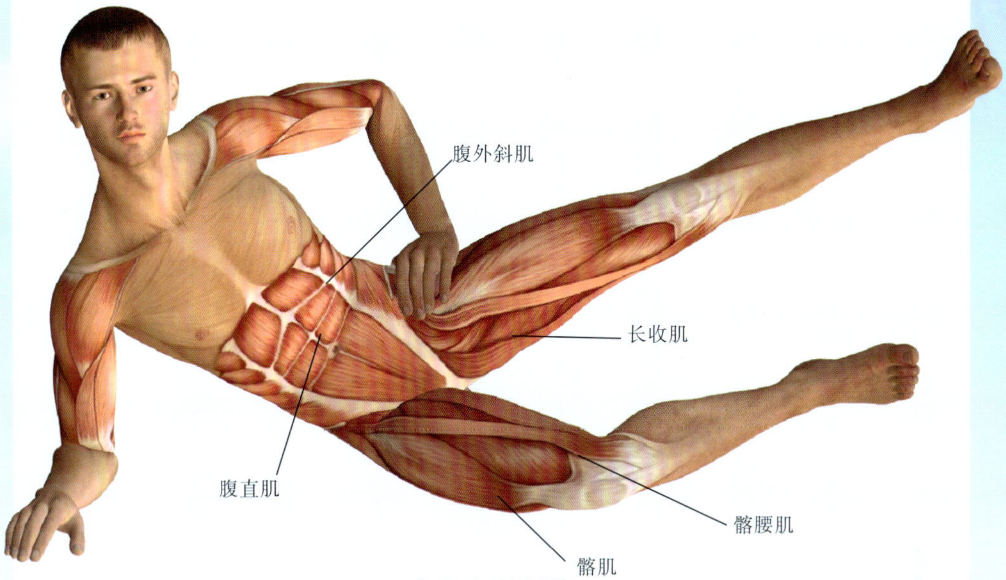

腹肌和外展肌

辅助前抬腿

辅助前抬腿是一项具有挑战性的运动，能够提高腹部和腿部的稳定性。要想给这个运动增加些难度，可以在降低你的腿之前加入这个步骤：把左腿摆动到身体一侧，抓住脚趾不放，呼吸平稳，保持5秒钟。

第一步： 站立位，右手放在髋部，重心转移到右脚。

第二步： 左膝向着胸部方向抬起，左手抓住左脚。

第三步： 在你面前将左腿伸展开，用手抓住脚趾并保持住。维持10秒，放下腿。每条腿重复5次。

目标肌肉

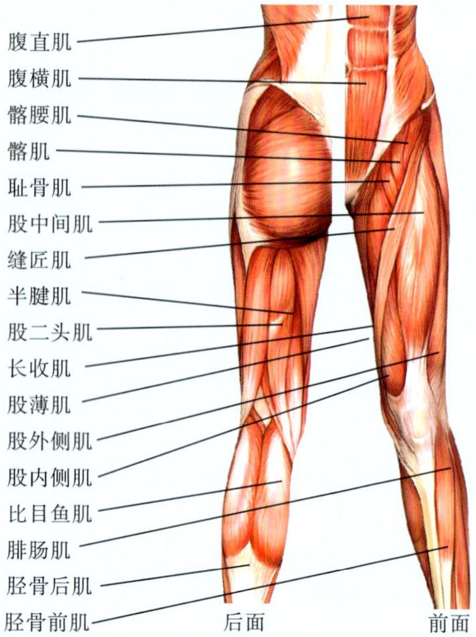

腿

动作要领

· 保持臀部收紧并上抬。

避免

· 用脚弹跳。

2

3

跪姿侧抬腿

这种普拉提动作能够使大腿外侧肌肉和核心肌肉更健美。注意不要将伸展的腿接触地面，直到完成练习。如果想降低这个运动的难度，可以用一只手臂来支撑躯干。

警告：如果你有手腕、肩膀和腰部疼痛，不要进行此项运动。

第一步：首先跪在地板上，右腿向外伸展，左腿位于臀部下方，并与臀部对齐。双手放于脑后，双肘向两侧伸展。

第二步：抬起右腿与臀部同高，重复5~6次。换另一侧，左腿重复以上动作。

目标肌肉

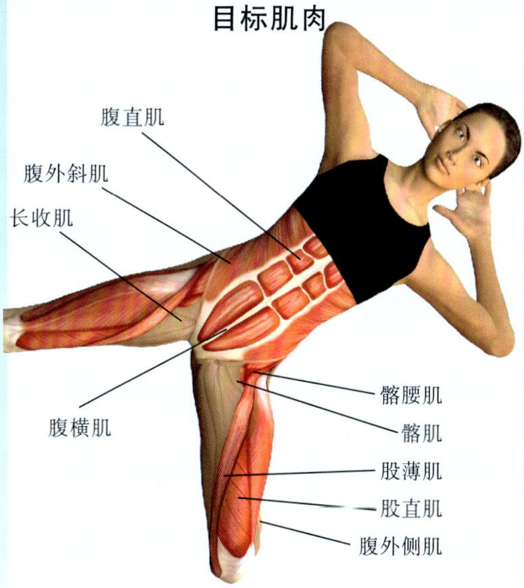

腹肌和大腿

动作要领

- 躯体成一条直线，以维持腿部动作时身体的平衡。
- 脖子伸直并放松。
- 腿尽可能地拉长。

避免

- 脖子或肩膀下沉。

侧弓箭步

侧弓箭步能够提高你髋部的灵活性，并有助于放松臀部和腹股沟的肌肉。这个练习需要力量、平衡和协调性。在尝试这个动作之前，要先对大腿肌肉进行拉伸。

警告：如果你有手腕疼痛、肩膀和腰部疼痛，不要进行此项运动。

第一步：垂直站立，双臂在你面前伸直且与地面平行。

第二步：向右迈开一步，右腿蹲下，从臀部开始弯曲身体，保持脊柱处于中立位，开始伸展左腿，双脚始终平放在地面。

第三步：弯曲右膝直到大腿与地面平行，左腿完全伸展。

第四步：保持你的手臂与地面平行，按压臀部和右腿，使身体回到初始位置，然后再重复。每侧重复10次。

目标肌肉

大腿和髋部

动作要领

- 从臀部开始屈曲身体时保持脊柱中立。
- 肩膀和脖子保持放松。
- 膝盖和弯曲腿的脚趾对齐。
- 当你弯曲时保持臀部肌肉绷紧。

避免

- 运动过程中伸长脖子。
- 将脚抬离地面。
- 拱起或伸展背部。

高冲刺

这项运动需要身体进入一个冲刺状态，主要运动的是下肢肌肉及下腹肌。这项运动有助于伸展和加强大腿部的肌肉，尤其是髋屈肌。它打开了腹股沟区域，使小腿更健美，并增强腰部的力量。

警告： 如果你有手腕、腰部和肩膀疼痛，不要进行此项运动。

目标肌肉

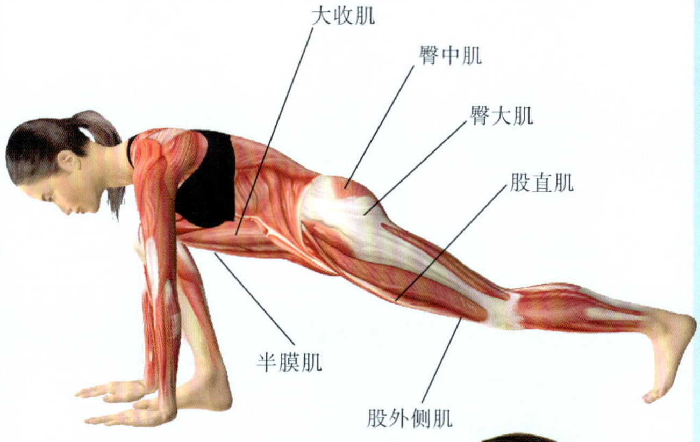

臀部和大腿

第一步： 站直，右脚向前移动，从髋部开始弯曲身体，手放于脚的两边。

第二步： 左脚后退一步，保持腿和髋部在一条直线上。保持右脚底紧贴地面。

第三步： 按压右足面，收缩大腿肌肉，保持左腿处于伸直位，维持5～6秒。

第四步： 慢慢回到初始位置，换右侧重复，每边重复10次。

动作要领

- 肩膀和上半身保持在一个适当的位置，以便延长脊柱。

避免

- 向后伸展的那条腿的膝盖向地面下沉。

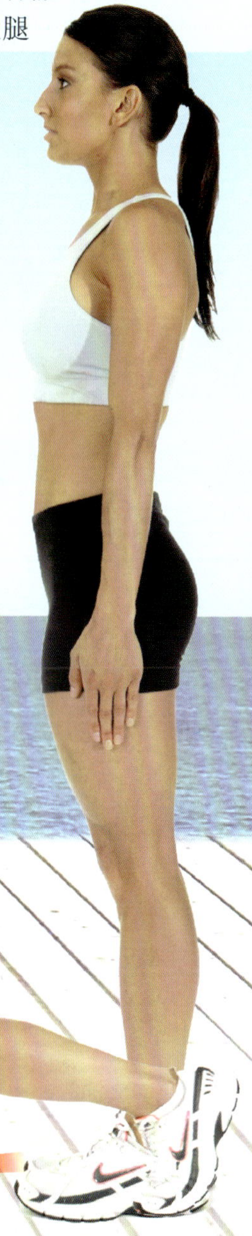

平板毛巾展收

毛巾展收是一项很好的练习方法，它利用大部分身体体重来提高胸部运动功能。这个运动同时需要许多其他肌肉的加入，如手臂、背部、髋部和腹部肌肉，以维持身体稳定。掌握这项运动，胸部、手臂和核心力量都会得到大大的增强。

警告：如果你有手腕、肩膀和腰部疼痛，不要进行此项运动。

第一步： 将毛巾放在你面前的地板上，起式为平板支撑式，肘部充分伸展，毛巾在你的手部下面。

第二步： 维持一个稳定的平板支撑位，重心放在脚跟，两手带动毛巾向中间移动靠拢，使毛巾在胸骨正下方聚拢。

第三步： 双手再带动毛巾向外挪动，手臂分开，将毛巾拉直，回到初始位置。重复10次。

目标肌肉

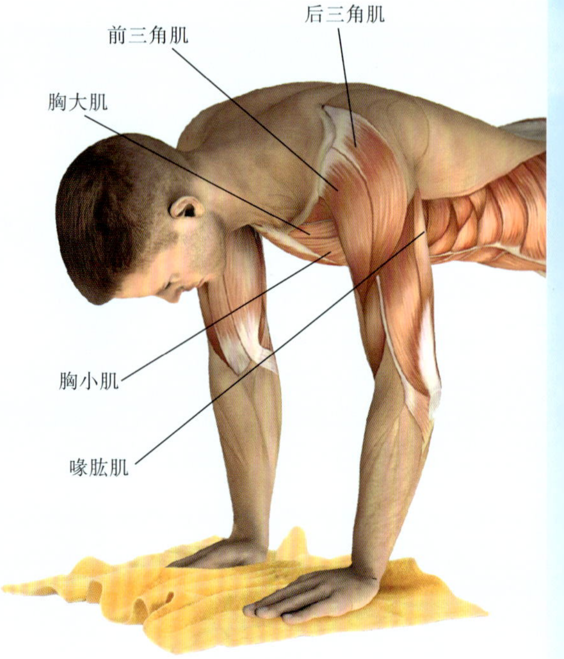

胸部和手臂

动作要领

- 两手在一条直线上，并在双肩正下方。
- 身体重心均匀分布在两脚跟之间。

避免

- 髋部下垂。
- 开合手臂时头下降。
- 手肘弯曲。

身体拉锯式

身体拉锯式实际上是平板支撑和下滚式相结合的锻炼方法，是一项具有挑战性的练习，能提高核心力量和动作准确性。平板支撑已经具有相当的难度了，当您开始做身体拉锯式运动时，会感到此时核心肌群运动强度更大。因此，它对于锻炼腹肌非常有效，不需要去做上百个卷腹。如果将腿放在台阶上、瑜伽球或瑞士球上来完成这个练习，会进一步增加难度。

第一步： 跪在地板上，将你的前臂和手掌平贴在地面上。

第二步： 将身体抬高，用前臂和脚趾来保持身体平衡。

第三步： 将身体向前向后拉锯式运动，完成三组，每组重复10次（逐渐加到20次）。

目标肌肉

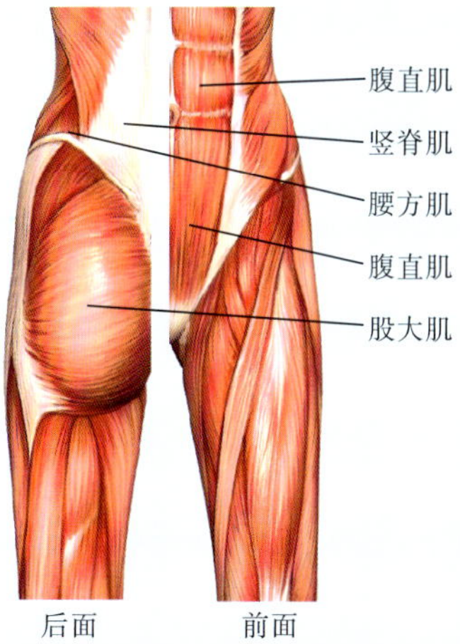

腹肌和臀肌

动作要领

· 保持身体完全伸展，并在一条直线上。

避免

· 过度抬高，导致使用腰部肌肉。

旱地游泳

旱地游泳可改善腰部力量和支撑力。如果要加大这个练习的难度，可以在做动作时同时抬高四肢（俗称“超人”）。

第一步： 俯卧位，两臂向前伸展，两条腿向后伸直。

第二步： 与头和肩一起，同步抬起左臂和右腿，然后全部放下来。

第三步： 对侧肢体重复该动作。

第四步： 每侧重复10次。

目标肌肉

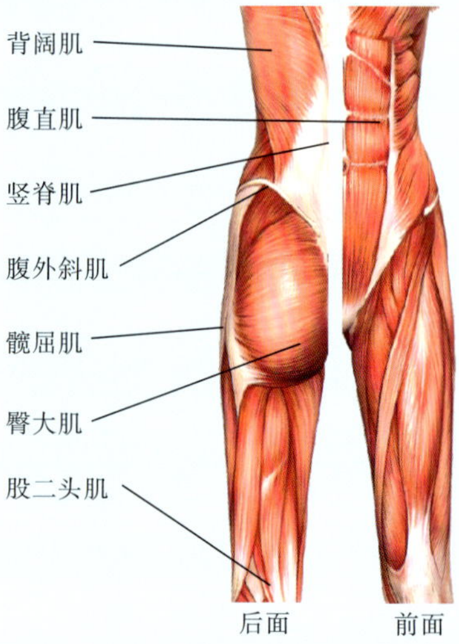

腰部

动作要领

· 尽可能地抬高手臂和腿。

避免

· 过度使用颈部。

变式

同时抬高四肢，可提高这个运动的难度（俗称“超人”）。

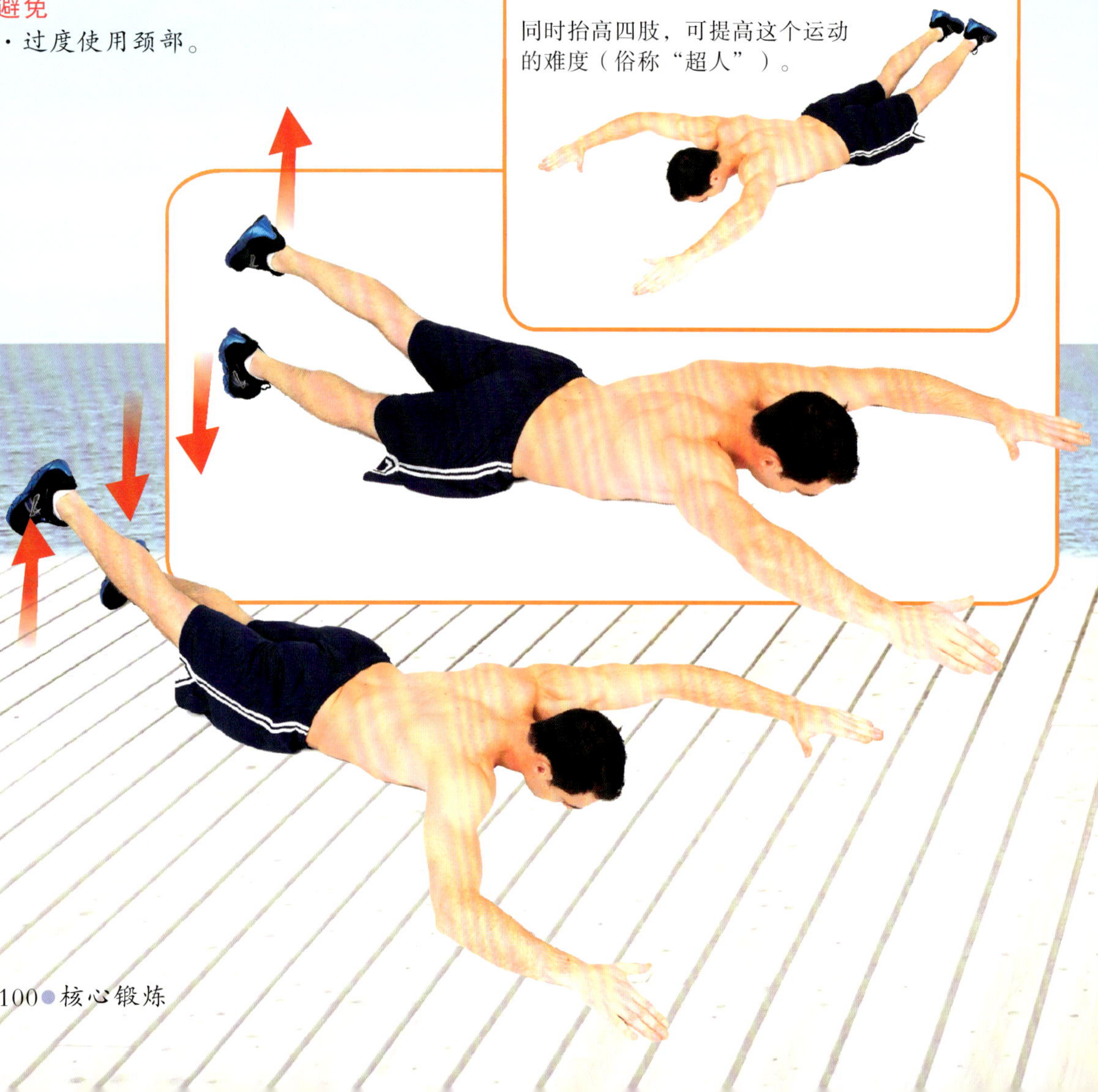

扭胯运动

扭胯运动是一种非常好的的锻炼方法，可以强化腰部和核心肌肉力量。这种动作练习可以加强腹斜肌，有助于建立更显线条的腰部，并能更好地加强背部支持力。扭胯同时还锻炼你的肩部肌肉和腹肌。

警告：如果你有手腕疼痛、肩部问题或腰部疼痛，不要练习这项运动。

第一步：坐在地板上，两手臂放在身后支撑身体。两腿平行抬高，向一侧偏呈斜角。

第二步：腹部和肩部用力保持稳定。

第三步：双腿划弧跨过身体中线向右侧转动。

第四步：继续划弧线旋转双腿并下压，骨盆尽可能低并保持稳定性。

第五步：双腿回到起始位置，在每个方向重复2~6次。

目标肌肉

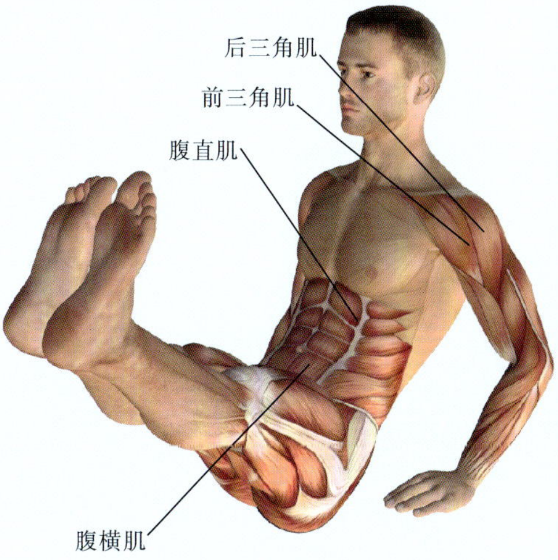

核心肌群

动作要领

- 腿在扭转过程中始终保持伸直。
- 手臂用力下压，推起肩膀以便更好地支撑身体。
- 颈部伸直。

避免

- 颈部和肩膀的肌肉紧张。

俄罗斯扭转

俄罗斯扭转是一项通过腹部扭转来锻炼腹肌的方法，也用来增强躯干上部的爆发力，有助于棒球和高尔夫这类运动。

警告：如果你有肩部问题或腰部疼痛，不要进行此项运动。

第一步：坐位，双膝屈曲，双脚平放在地板上。躯干上提，抬起双臂向前伸直并与地面平行，使之位于双膝上方。

第二步：向右转动上身，同时双手伸向地板。

第三步：跨越身体中线后回转到左边。每侧重复10次。

动作要领

- 当身体扭转时脚始终贴于地面。
- 双膝紧贴在一起。
- 颈部和肩膀保持放松。

避免

- 当身体旋转时，双膝或双脚转动。

目标肌肉

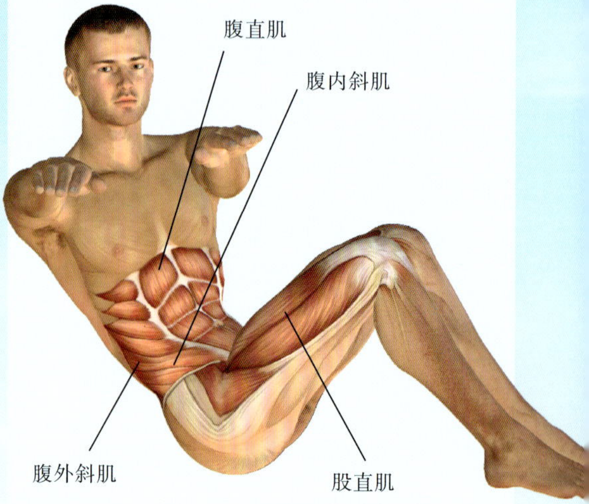

腹肌

变式

增加难度：当你扭转躯干时，将双脚抬离地面，同时屈伸双膝。

身体扭转

腹斜肌位于躯干两侧，负责弯曲和旋转躯干，几乎所有日常活动中都会运用到它们。要使腹斜肌正常发挥作用，身体扭转练习可很好地锻炼它们。

警告：如果你有手腕疼痛、肩部问题或腰痛，不要进行这项运动。

第一步：右手臂伸展支撑身体，双腿伸直并紧靠在一起。右髋下压，然后用双手支撑身体。

第二步：右手位于右肩正下方，撑起身体成一个侧平板位，另一侧手臂向外伸展保持平衡。

第三步：用力收腹，保持核心肌群紧张，左手臂伸向天花板。

第四步：左手臂向下跨过躯干，向右转动躯干。保持约10秒钟。

第五步：回到起始位置，髋部落在地板上，双手支撑身体。重复4～6次，然后换另一侧做以上动作。

目标肌肉

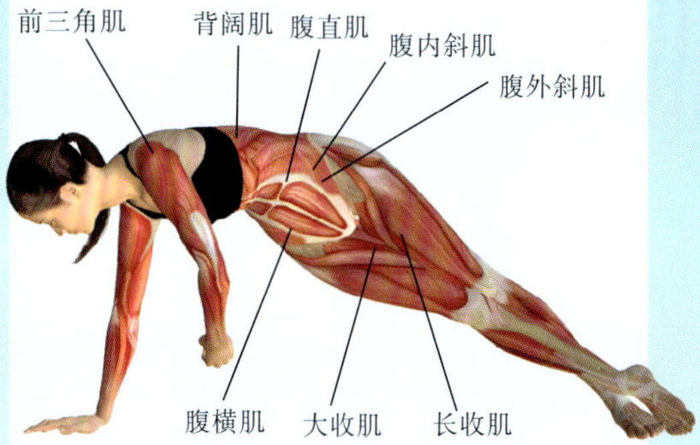

腹斜肌

动作要领

- 四肢尽可能地伸直。
- 肩部保持稳定。
- 髋部上抬以减小落在上肢的体重。

避免

- 肩膀下沉。

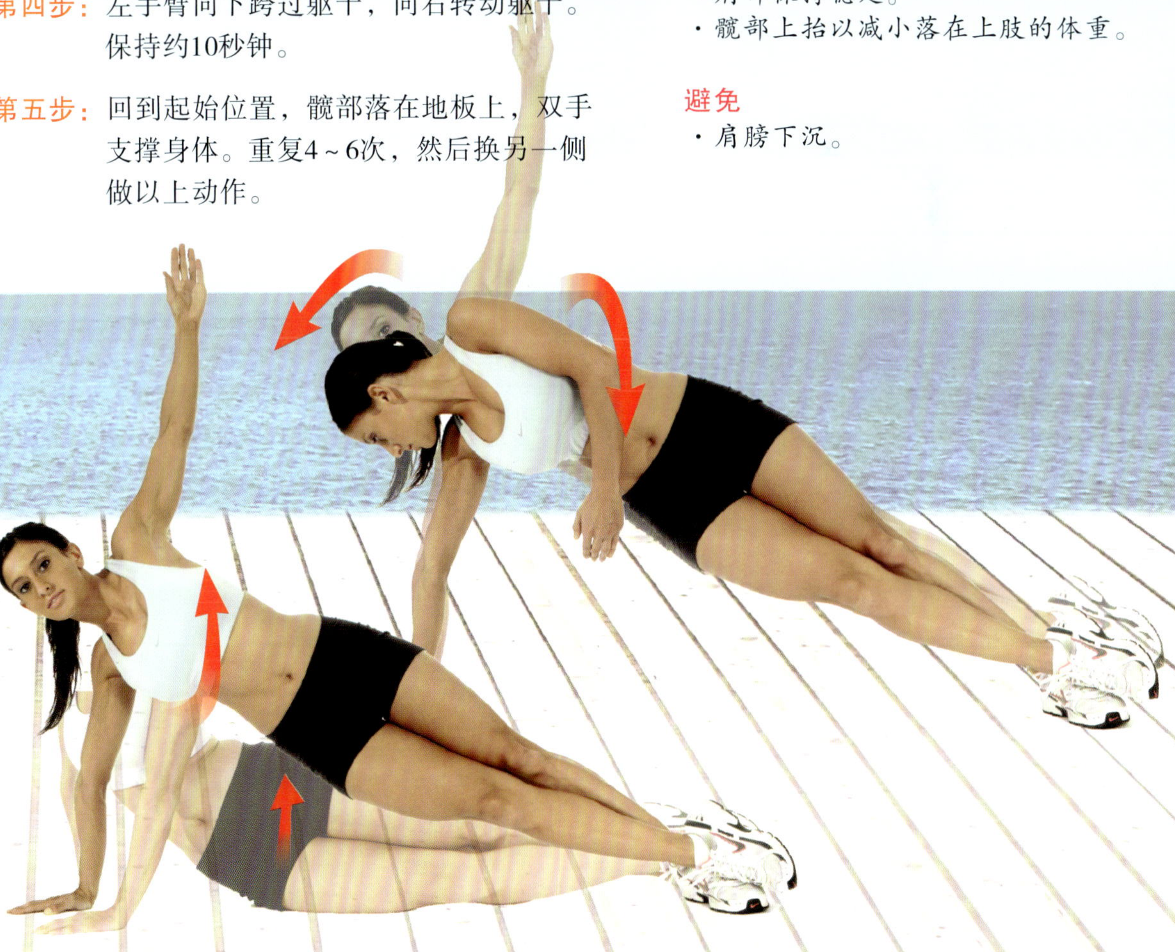

负重练习

负重练习是唯一可以利用多块肌肉来增强全身力量和爆发力的锻炼方法。例如壶铃、哑铃等需要动作精准和把握时机，并在一定程度上协助完成具有挑战性的动作。它的另一个好处就是都可以在家里完成，省去成为健身房会员的麻烦。

8 字壶铃

8 字壶铃是一种力量型锻炼方法，主要针对躯干和髋部，但它实际上能运动到全身的肌肉。要正确地完成这个练习需要协调性、把握时机和动作准确。8 字壶铃运动节奏要缓慢，比大多数练习需要更多的时间——这样有助于锻炼“慢力量”和肌肉的耐力，而不是爆发力和速度。

第一步： 右手拿壶铃，两腿分开，宽于髋部。向前弯腰，背部平直。

第二步： 在两腿之间将壶铃从右手传递至左手。

第三步： 从腿后面用左手接过壶铃。

第四步： 传接20次。

第五步： 完成20次后，换方向。不要空手摆动，而是使壶铃在腿间来回绕行。

第六步： 从另一侧开始再进行20次。

动作要领

- 动作要缓慢，始终动作可控。
- 整个过程保持背部平直。
- 髋部随着运动自然向两侧摆动。

避免

- 速度过快。
- 惯性重复。
- 传递动作不完整或是敷衍。

目标肌肉

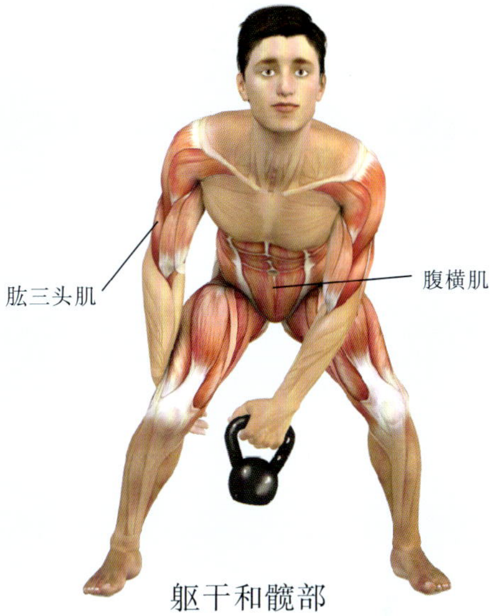

躯干和髋部

土耳其起身训练

土耳其起身训练是一项功能性很强的运动，只有所有肌肉一起工作才能正确完成。它能很好地提高髋部的稳定性和身体的整体平衡。它关注的重点就是所有动作都会用到的核心肌群。

警告：如果你有手腕疼痛、肩部问题或腰痛，不要进行这项运动。

第一步：仰卧在地板上，左手握住哑铃或壶铃，伸直竖起在胸部上方。右手放于体侧。

第二步：左膝屈曲，左脚平放在地板上，重心转移到右臂肘部以支撑身体。

第三步：把另一侧的腿放在身体下面。

第四步：左手举起哑铃并向上伸展，越过头部。

第五步：返回到初始位置，每侧手臂重复10次。

动作要领

- 保持核心肌肉紧实。
- 眼睛始终看着哑铃。
- 控制运动时间，不要动作太快。

避免

- 速度过快。
- 髋部不提起。
- 没有使用核心肌群。

目标肌肉

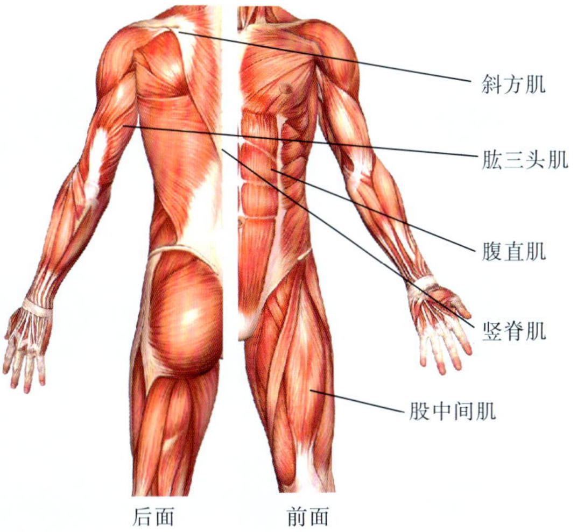

核心肌群

推轮运动

身体中心部位对身体稳定具有重要作用。推轮运动可以锻炼身体中部肌肉维持肌肉紧张并保持匀称体型。一旦你能完美地完成这一具有挑战性的运动，可以稍微做些变式：将推轮沿着斜向对角线方向推动，而不是直线向前。这项练习的重点是锻炼腹斜肌。在背上放一块杠铃片能增加练习难度。

警告：如果你有手腕疼痛、肩部问题或腰痛，不要进行这项运动。

第一步： 跪在地板上，双手抓住腹肌滚轮的手柄。

第二步： 慢慢将滚轮推向前方，保持背部挺直。

第三步： 尽可能向外推远，同时控制住自己的动作——直到手臂完全伸直。

第四步： 收紧腹肌，将滚轮往回拉，直到回到初始体位。

第五步： 重复该动作直到力竭。

目标肌肉

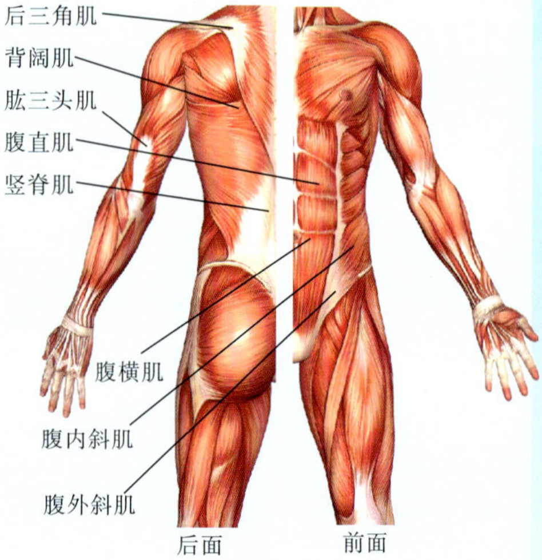

核心肌群

动作要领

- 保持头部向下。
- 当向外推轮时，收紧下巴。
- 保持躯干挺直。

避免

- 背部拱起。

哑铃仰卧起坐

仰卧起坐训练核心肌肉力量，有助于实现更好的灵活性和平衡性，并增强全身力量。它对腹部、腰部和髋屈肌的肌肉塑形有益。添加哑铃可以加大运动强度，增大训练阻力和增加手臂的运动。当你熟练掌握了这项锻炼方法后，可以增加哑铃的重量以提高锻炼效果。

警告：如果你有腰部疼痛，不要进行此项运动。

第一步：仰卧于地板上，膝盖稍微屈曲，双手各握一个哑铃。

第二步：收缩腹部，使躯干抬起至坐直位，哑铃要保持在肩部水平。

第三步：慢慢躺回到地板上——动作越慢锻炼越有效。

第四步：重复该动作直到力竭。

目标肌肉

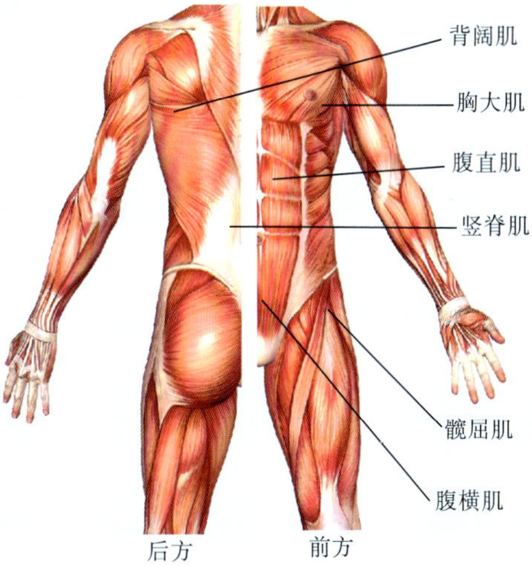

核心肌群

动作要领

- 平稳的运动。
- 保持哑铃与肩平齐。
- 动作要缓慢。

避免

- 对腰部施压。

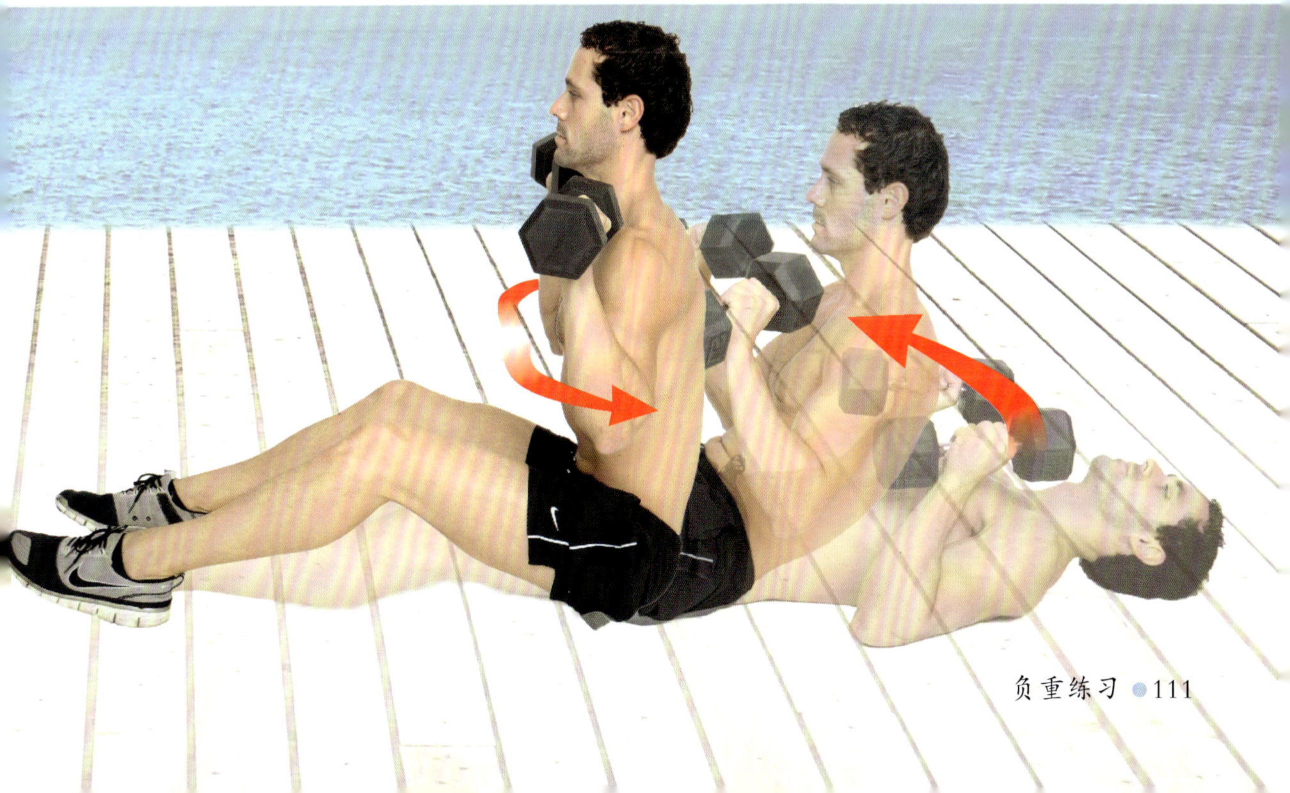

壶铃摆臂

你应该学会如何掌控一组很轻的壶铃，保持手臂放松，仅需足够张力进行练习即可。此时，身体应腹背用力绷紧，起到支撑作用。之所以选择一对轻的壶铃，主要是让你把注意力集中在手臂的上下摆动上，而不是要把壶铃移动到某个位置上。你还可以再加入一个动作，在运动的最后将壶铃举过头顶，以提高运动难度。

警告：如果你有手腕疼痛有或肩部问题，不要进行此项运动。

第一步：起式为下蹲姿势，双手各持一个壶铃，手柄的中点应与脚的中点对齐。

第二步：当手臂向下摆动时，手臂内旋，以使握持手柄的拇指指向腿后方。

第三步：收紧腹部，双脚下压贴在地板上，推动髋部向前，为提起壶铃提供动力。

第四步：手臂抬起，一旦壶铃进入摆动状态，握持的手柄稍放松些，让壶铃环绕前臂滑回到初始位置。

第五步：重复15次。

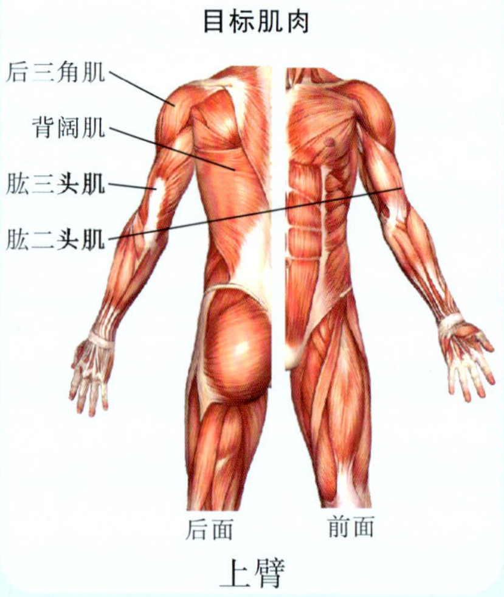

动作要领

- 保持眼睛向前，身体保持端正，背部挺直。
- 颈部伸直。
- 控制呼吸。

避免

- 壶铃碰撞到前臂。

持铃直背弯腰

这项练习可以用哑铃或杠铃进行。非常重要的是，当你躯干向下弯曲时，一定要确保背部是挺直的。动作太猛或重量太大会损伤你的背部。

警告：如果你有腰部疼痛，不要进行此项运动。

第一步： 起式为双手各握一个哑铃站直，双臂伸直紧贴大腿外侧，两脚分开与肩同宽，膝盖稍微弯曲，做轻微后推的动作。

第二步： 始终保持背部挺直，然后直背弯腰、双腿伸直，把哑铃带向身体前方，将它们落向地板，此时感到腿的后面有拉伸感。

第三步： 返回到起始位置，重复三组，每组15次。

动作要领

· 时刻保持背部挺直。

避免

· 背部肌肉过度紧张。

坐姿杠铃转体

呼吸对于这个练习很重要：当上部躯干向一侧扭转时呼气，同时杠铃跟着一起扭转。当腹斜肌感受到拉伸时停止。然后，将上半身缓慢、有控制地转回到初始位置，同时吸气。这里展示的是最简单的形式，增加杠铃重量即可使运动难度提高。

警告：如果你有腰部疼痛，不要进行此项运动。

第一步：端坐在长椅上，杠铃放在肩膀后部。

第二步：手心向前握紧杠铃杆，确保双手分开比肩略宽。

第三步：保持双脚和头部静止不动，把腰从一侧转到另一侧，以使斜肌收缩。

目标肌肉

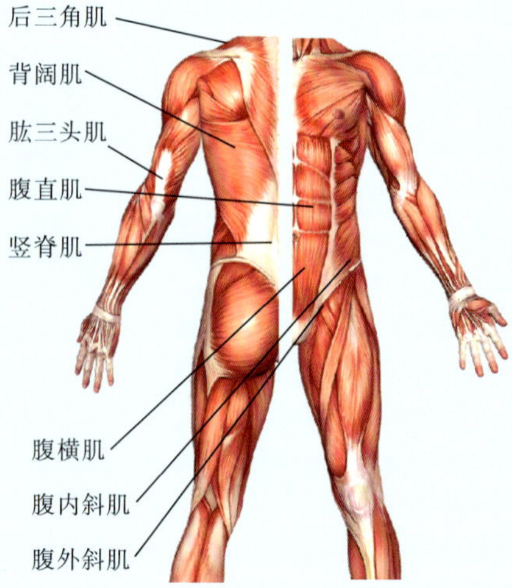

腹肌和斜肌

动作要领

- 扭转时呼气。
- 保持头部挺直和脚部静止。

避免

- 扭转过度，超过腰部的能力范围。

站立杠铃片扭转

利用杠铃片将身体从一侧扭转到另一侧来激活核心肌群。当站立位进行这项锻炼时，它就变成一种功能性运动，能燃烧更多脂肪，并使日常活动变得更容易。

警告：如果你有手腕痛或腰痛，不要进行此项运动。

目标肌肉

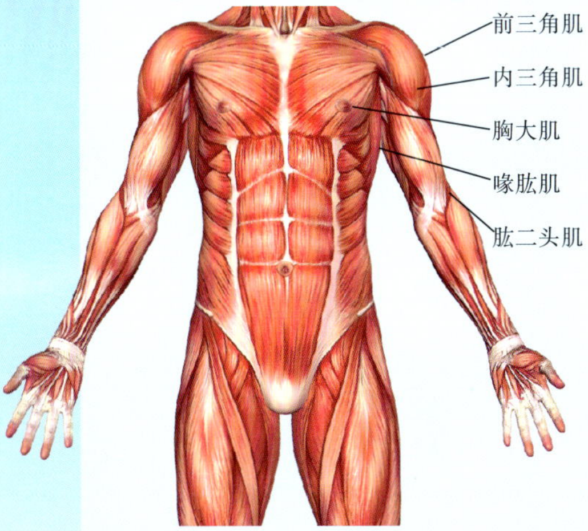

肩部

第一步：起式为直立位。

第二步：双手握着一个金属杠铃片于胸前，手臂稍微弯曲。

第三步：保持双脚站立不动，从腰部转动躯干。

第四步：再将躯干旋转到另一侧。

第五步：重复30次。

动作要领

- 腹部收缩。
- 保持背部挺直。

避免

- 扭转超过腰部的能力范围。

坐姿哑铃推举

坐姿哑铃推举是最流行的肩部肌肉锻炼方法之一，它可以在一个可调角度的直背长凳上完成，将椅背设置为90度。如果想增加难度并锻炼腹肌，可以用瑞士球来代替长凳。

警告：如果你有腰部疼痛，不要进行此项运动。

第一步：起式为瑞士球上坐姿，双手各持一个哑铃，并与肩部同高。

第二步：保持眼睛向前看，慢慢举起左手哑铃，举过头顶，直到手臂伸直。

第三步：在运动的终点不要停留，而应立即开始将哑铃放下的动作，回到起始位置。

第四步：马上用你的右手臂重复上述动作。

第五步：重复30次。

目标肌肉

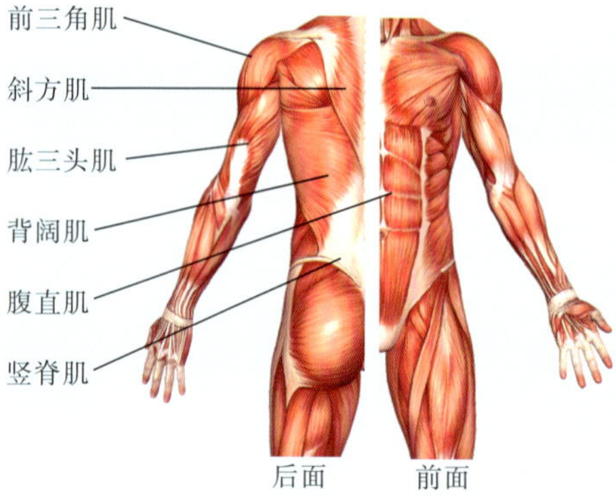

肩部

动作要领

- 尽可能运动到最大范围。
- 运动全程控制好哑铃。

避免

- 增加重量太快。

壶铃深蹲

做这个练习一定要记住：如果你深蹲不到位（大腿没有与地面平行），臀部肌肉就得不到正确的锻炼。浅蹲只能锻炼股四头肌（大腿肌肉），而不是体内最大的肌肉——臀肌。

警告：如果你有腰部疼痛，不要进行此项运动。

第一步：起式为直立位，双手各握一个壶铃。

第二步：臀部向后下蹲。

目标肌肉

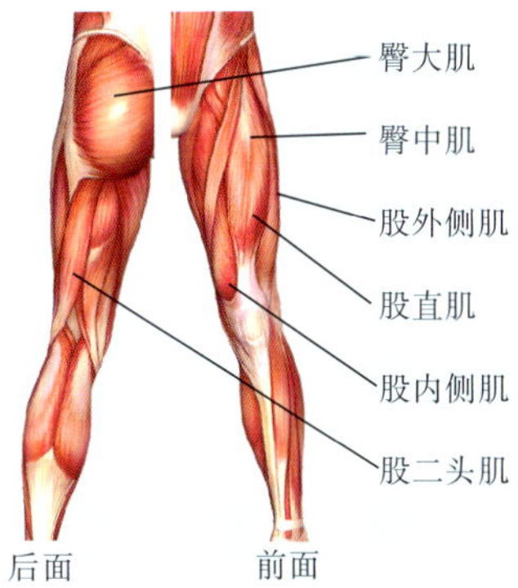

大腿和臀部

第三步：下蹲直到大腿与地面平行。

第四步：借助地板的反推力使身体向上站起。

第五步：重复15次。

动作要领

- 保持身体重心在两脚跟。
- 颈部伸长。
- 大腿应至少与地面平行。
- 站起时要呼气，下蹲时要吸气。

避免

- 背部弯曲。

拉力器力量练习

拉力器力量练习提供了独特的多角度和阻力，使它们成为日常锻炼之外的颇受欢迎的力量练习方法。传统上认为它是力量训练的“终极性”练习，如果做得正确，拉力器提供的最大拉伸强度能使肌肉更强大、更灵活并且运动幅度更大。

站立位上拉

站立位上拉对于腹斜肌、前臂肌和肱三头肌是很好的锻炼方法。这种练习也可以用实心球进行。你可以用双手一起握住牵拉拉力器，以确保双手同等用力。

警告：如果你有腰部疼痛、手腕疼痛或肩部问题，不要进行此项运动。

第一步：首先将缆绳连接到拉力器上，设置到最低位置。用双手抓住拉力器缆绳，站到拉力器一侧，两脚分开与肩同宽。

第二步：慢慢牵拉手柄向上，越过身体，同时扭转躯干，髋部拉伸，直到手臂完全伸直，双手高过头部。

第三步：在这个位置从一数到三，收缩腹肌，然后慢慢放松回到起始位置。

第四步：依据自己的期望尽可能多地重复练习。

动作要领

- 整个练习过程缓慢平稳。
- 双脚始终稳稳地放在地面上。
- 动作幅度要大。

避免

- 练习随机无计划。
- 腰部用力。
- 速度过快。

目标肌肉

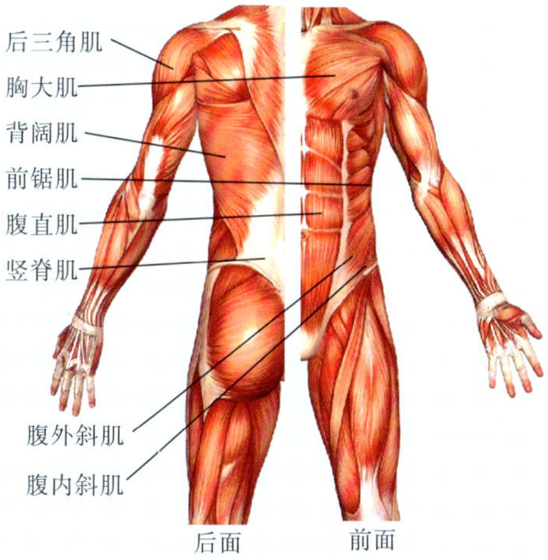

斜肌，腹肌和腰部肌肉

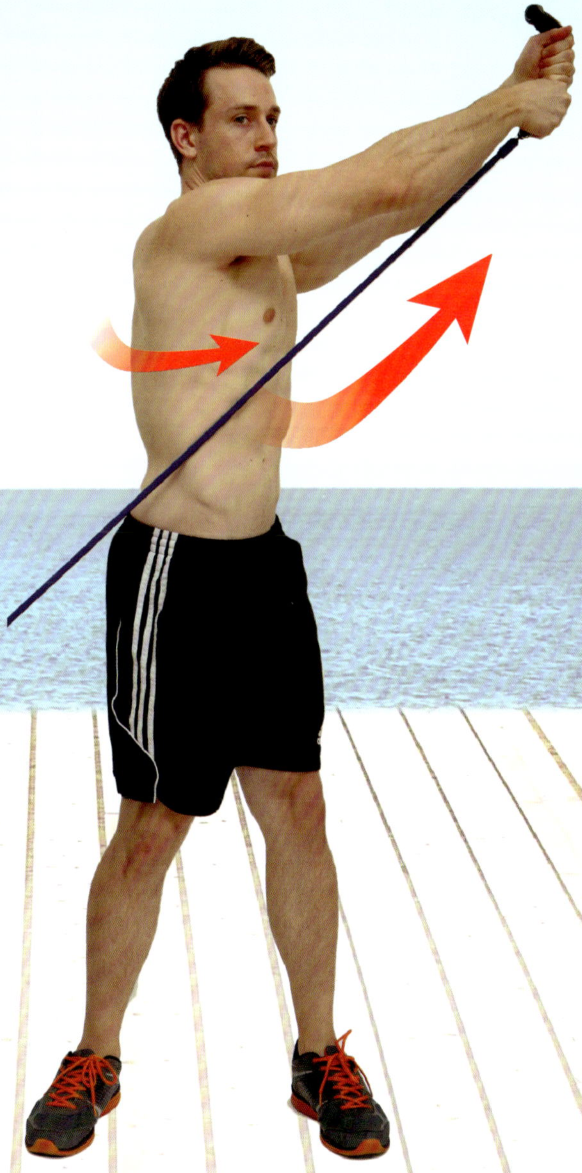

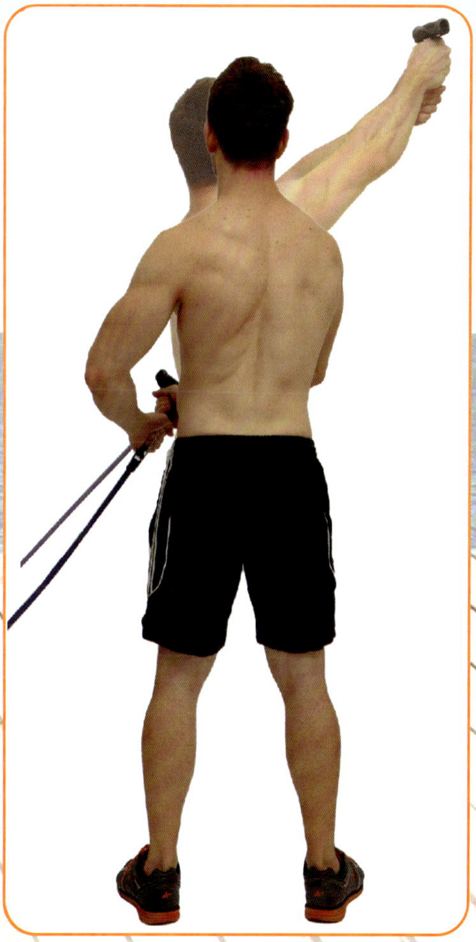

跪姿拉力器卷腹

跪姿拉力器卷腹是标准的卷腹练习加上一定的阻力，因此它是一项适合于所有级别核心力量练习的非常有效的方法。

警告：如果你有腰部疼痛，应避免这项运动。

第一步：起式为跪姿，背对拉力器，双手握绳放在颈部两侧，设置为中等阻力。

第二步：从腰部开始向前屈身，保持颈部收拢，向下卷腹，直到肘部触到大腿。

第三步：收缩腹肌，然后回到起始位置，重复30次。

目标肌肉

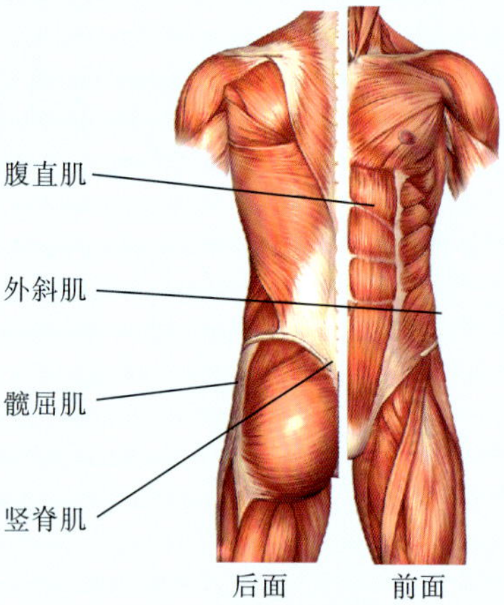

腹肌

动作要领

· 动作幅度要大。
· 在运动的终点收缩肌肉。
· 在动作最开始时保持躯干挺直。

避免

· 速度过快。
· 动作不到位。
· 收缩腹肌时颈部过于用力。

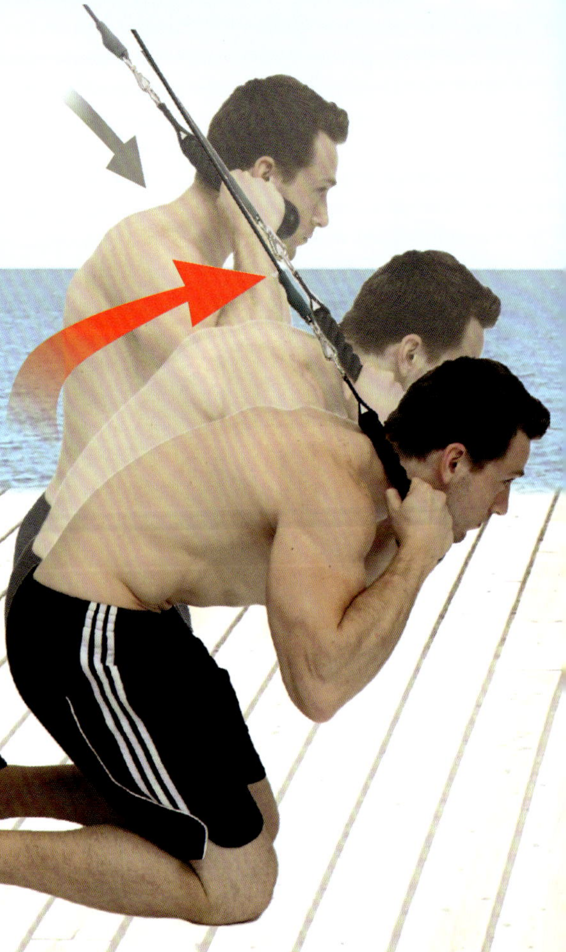

站姿拉力器卷腹

站姿拉力器卷腹同跪式一样有效，这种加强核心肌群力量的超棒的锻炼方法又多了一种变式。站姿卷腹运动需要跪姿卷腹同样多的肌肉张力和运动幅度，但是扩展了运动方向。

第一步： 起式为站立位，在颈部两侧握住绳子，设置为中等阻力，背对拉力器，手肘指向地面。

第二步： 从腰部开始向前屈身，保持颈部收拢，向下卷腹，直到肘部触及大腿。

第三步： 收缩腹肌，然后回到起始位置，重复30次。

目标肌肉

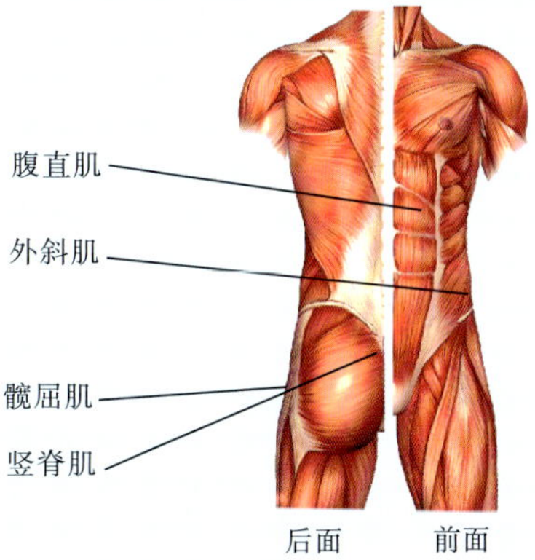

斜肌和腹肌

动作要领

- 动作幅度要大。
- 在运动的终点收缩肌肉。
- 双膝应稍微弯曲。

避免

- 速度过快。
- 动作不到位。
- 收缩腹肌时颈部过于用力。

拉力器转体

这项运动的关键之一是用舒适和不太费力的重量进行练习——你要能够舒适地重复练习15次。需要注意这个练习中你的身体形态，当你把拉力器缆绳拉过身体时，尽量使用腹斜肌收缩。脚稳稳地站在地面上，只旋转上半身。其变式为：把缆绳设置在高处，锻炼时将其从高到低拉过身体——称为伐木式。

目标肌肉

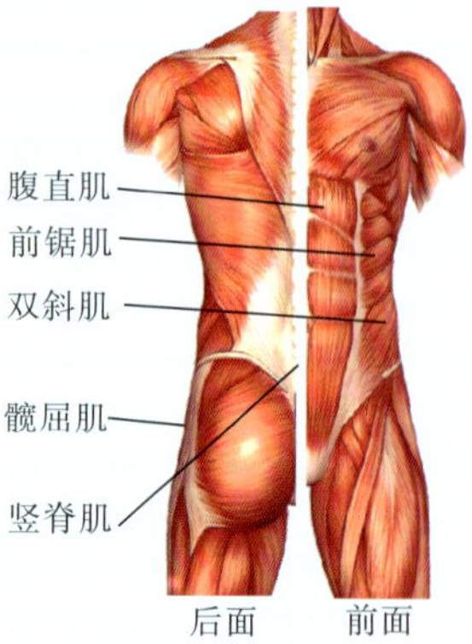

斜肌和腹肌

第一步： 起式为站立位，手握拉力缆绳靠近腹部，将缆绳拉伸到身体一侧。

第二步： 收紧腹肌，慢慢地转动上半身，使身体远离拉力器锚点。

第三步： 保持一会儿，回到起始位置，重复15次。再朝相反方向重复上述动作。

动作要领

- 保持双脚站立不动。
- 转动整个躯干。
- 慢慢地拉放缆绳。

避免

- 脚步移动。
- 髋部旋转过大。
- 速度过快。

举带过顶

做这个练习可以站着或坐在一条长凳上（有或没有支撑）。也可以用哑铃或杠铃配重片来代替拉力缆绳或拉力带。

警告：如果你有肩部或背部问题，不要进行此项运动。

目标肌肉

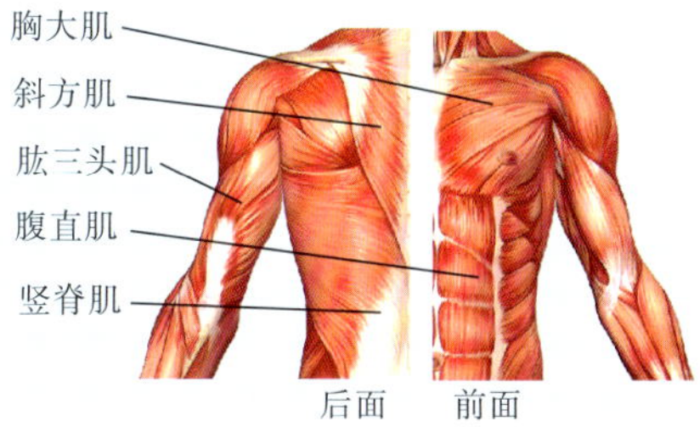

肱三头肌和上背部

第一步：站立位，双手自然握住拉力带置于脑后。

第二步：充分伸展手臂，直到双手位于头顶上方，指向天花板。

第三步：慢慢放下拉力绳重新置于脑后，尽可能保持上臂静止不动，同时吸气。

第四步：当你的肱三头肌充分伸展时，保持住，默数三个数，同时肱三头肌用力收缩。

第五步：伸展手臂时呼气，然后肱三头肌屈曲放松，回到初始位置。

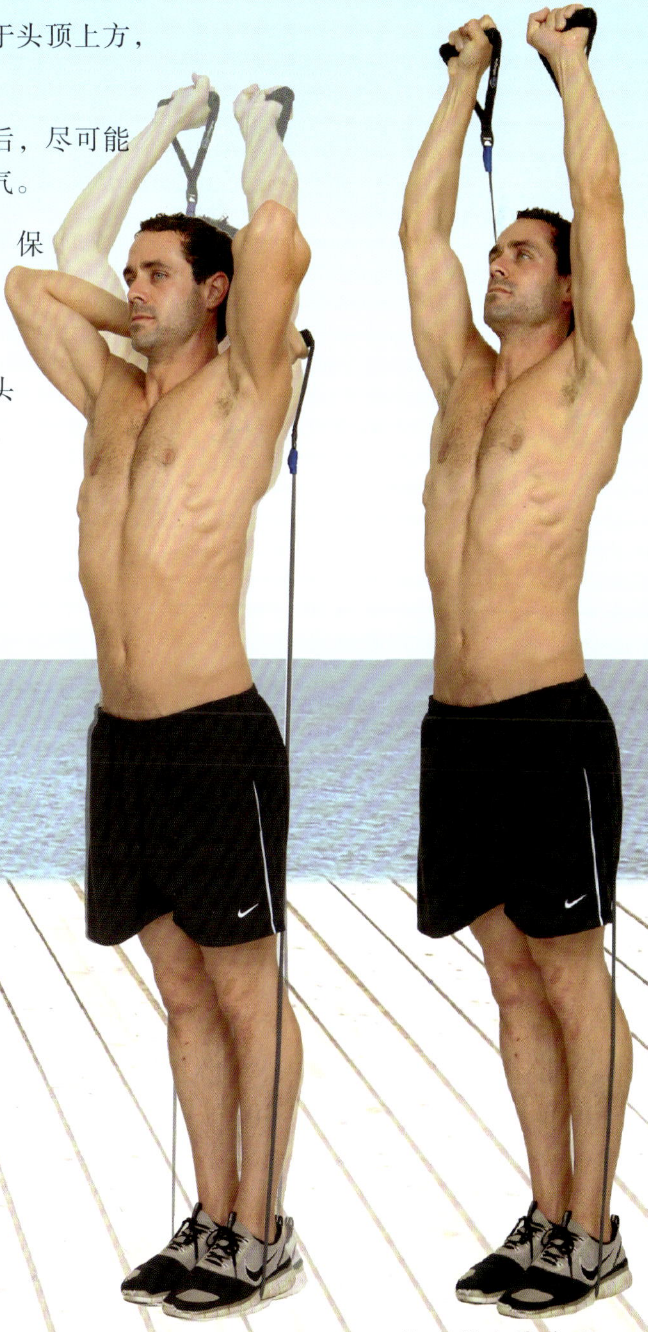

动作要领

· 保持手肘靠近头部。
· 保持上臂静止不动。

避免

· 腰部用力。
· 速度过快。

平衡球练习

平衡球的独特优势是它有两个工作表面，使之锻炼成效加倍，在球上锻炼的方式也加倍了。它能强化核心肌群，提高平衡性和稳定性。平衡球练习是你的锻炼计划中有趣的、必不可少的一部分。

平衡球卷腹

平衡球和卷腹运动的组合使腹部肌肉直接产生更多的张力，使核心力量明显得到提高。与在地板上卷腹相比，平衡球卷腹使身体更加充分地伸展，因而能够反射性地引发腹肌更强的收缩。如果没有平衡球，可以使用瑞士球（45~55厘米直径）或小的硬垫子代替。

第一步： 起式为仰卧于平衡球上，腰背部接触球，双腿微微弯曲，双手掌放在耳朵后，手肘向外张开。

第二步： 头和颈部稍微抬起，腹肌张力渐渐增大，继续抬高头和肩膀离开地面，整个身体向腰部收紧。

第三步： 躯干缓慢落回到起始位置，重复30次。

目标肌肉

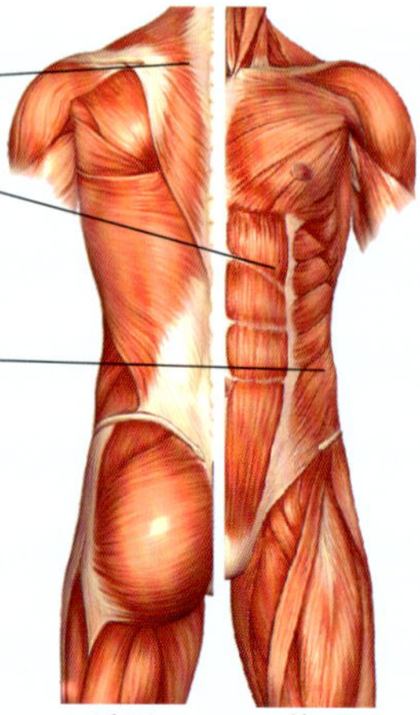

腹肌和斜肌

动作要领

- 保持精准的运动范围。
- 张力集中在腹部。

避免

- 颈部用力。
- 快速反弹式重复。

平衡球仰卧起坐

平衡球仰卧起坐是一种短轴式腹肌锻炼方法，可以提高核心肌群的控制能力。这项练习旨在通过大范围运动改善控制力。运动可以增加难度：手握哑铃或重物放在头后。

第一步： 起式为仰卧躺在平衡球上，腰背部接触球。双腿微微弯曲，双手掌放在耳朵后，手肘向外张开。

第二步： 随着头和颈部抬起离开球部，使张力集中在腹部，头和肩膀抬离地面，整个身体向腰部方向收紧。

第三步： 继续起身，直到坐直。

第四步： 躯干缓慢躺倒，回到起始位置，重复30次。

目标肌肉

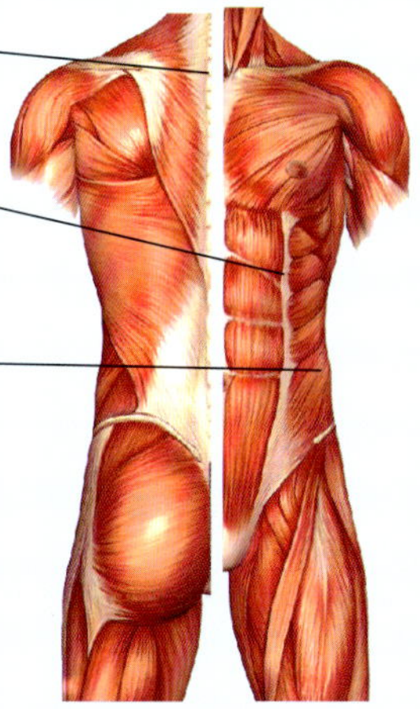

腹肌和斜肌

动作要领

· 保持精准的运动范围。
· 张力集中在腹部。

避免

· 颈部用力。
· 快速反弹式的重复。

平衡球蹬车卷腹

平衡球蹬车卷腹是常规平衡球卷腹练习的进阶变式，它能有效地使上部躯干和下部躯干的肌肉共同运动，是一个具有挑战性的建立核心力量的运动。

第一步： 起式为仰卧躺在平衡球上，腰背部着球。双腿微微弯曲，双手掌放在耳朵后，手肘向外张开。

第二步： 随着头和颈部离开球体，使张力集中在腹部，抬高头和肩膀离开地面，躯干向着腰部方向收缩。

第三步： 一侧肘部向对侧膝关节方向扭转，同时向胸部抬起对侧膝关节。

第四步： 放下手肘和腿回到初始体位，用另一条腿及肘部向相反方向重复进行，每侧重复15次。

动作要领

- 从肚脐开始。
- 放下肢体时要缓慢可控。
- 精确和敏捷地旋转。

避免

- 颈部过度用力。
- 对腰背部施压。
- 头部过度向前拉。

目标肌肉

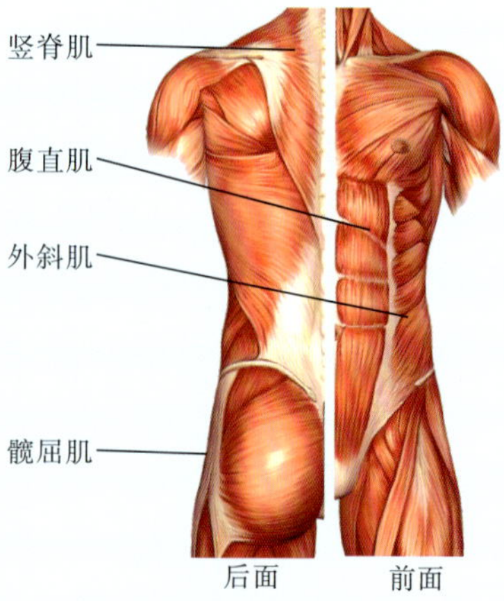

腹肌和斜肌

平衡球剪式

平衡球剪式运动对于腹肌特别是肚脐以下的部分是非常有效的。这是一个极具挑战性的运动，因为要求在半空中改变腿的姿势，在平衡球上再增加双腿的动作使难度进一步提高了，因为你需要利用额外的腿部力量保持平衡，同时运用腹肌和背阔肌来控制住动作。你的目标是尽可能不要摆动。

目标肌肉

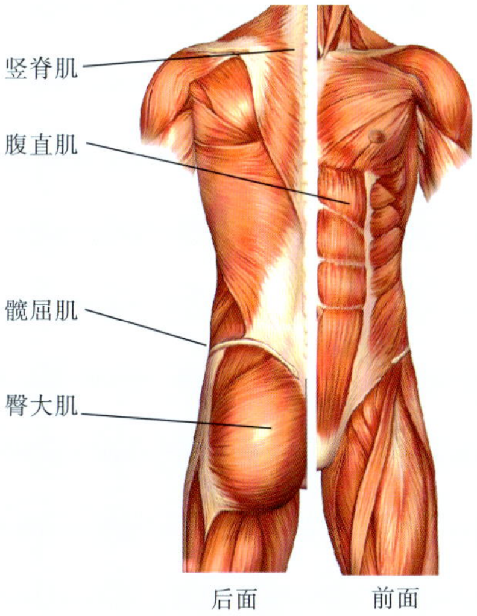

腿和腹肌

第一步： 起式为仰卧在平衡球上，背部中间着球。

第二步： 躯干伸直，稍微向后倾斜，收紧核心肌肉，抬起双腿稍微离开地面。

第三步： 双腿交替抬起，向上、向下摆动，重复20次。

第四步： 两条腿向内、向外进行开合运动，重复20次。

动作要领

- 保持紧实的腹肌。
- 运动全程保持腿部轻微弯曲。
- 精确和敏捷的运动范围。

避免

- 膝盖过度弯曲。
- 对背部施压。

平衡球侧位平板支撑

平衡球侧位平板支撑是已证明非常有效的侧平板支撑锻炼方法，再加上不稳定的球形表面，使运动更具挑战性和更有成效。有三种姿势做平衡球侧平板支撑运动，难度由低到高分别是：①下面的腿膝关节屈曲90度，以承受部分上面的腿和核心部位的体重；②常规姿势是一只脚在另一只脚前面支撑；③最难的体位是双脚并拢伸直，上面脚直接放在下面脚上，如下图所示。

第一步： 躯干侧躺在平衡球的圆顶上，双腿伸直，彼此平行。

第二步： 手臂屈曲90度，手指向前支撑在球上，另一手臂弯曲，将手放在髋部。

第三步： 支撑手臂的前臂推起，抬高臀部离开地面，直到你的身体在一条直线上。

第四步： 重复15次，然后再换另一侧。

目标肌肉

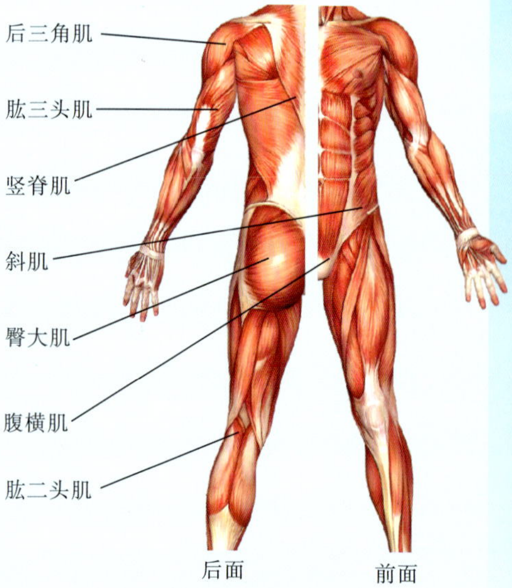

腹肌和斜肌

动作要领

- 运动全程保持呼吸顺畅。
- 保持腹肌收缩。

避免

- 在收缩的位置肩膀过于靠后。
- 屏住呼吸。
- 过度使用上背部和肩膀。

平衡球坐姿抬腿

平衡球坐姿抬腿是针对下腹部的非常有效的核心力量锻炼方法，完成它需要平衡性、精准度和稳定性。也可以将双臂置于身体两侧，在地板的垫子上进行，在这种情况下，将腿伸展并轻微地离开地面。熟练以后，可将哑铃置于两脚之间，使难度增加。

警告：在这个练习中增加重量必须非常小心，否则可能导致疝气。

第一步：起式坐在平衡球的圆顶上，双脚置于地面，双手放在球顶两侧。

第二步：将双腿离地，使腿和躯干形成一个V形。

第三步：屈膝并将腿向胸前收。

第四步：缓慢放下，重复20次。

目标肌肉

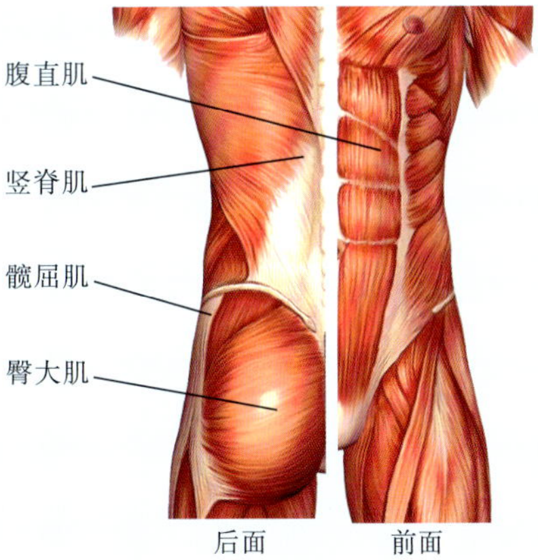

腹肌

动作要领

- 可控的运动范围。
- 恰当的时间和速度。

避免

- 对腰部施压。
- 过度使用颈部。
- 躯干过于向前。

泡沫轴练习

泡沫轴看起来貌不惊人，但它可以说是廉价的、花样繁多的、最有价值的运动练习器械之一。它是一个非常好的力量训练工具，能够运动任何你想要塑形的肌肉，如手臂、大腿、臀部和腹肌。因为泡沫轴是一个不稳定的表面，它能在许多练习中代替平衡球或瑞士球，有助于提高平衡能力并激活核心肌肉。

四足跪式滚轮

四足跪式滚轮针对的是腹部肌肉、大腿肌肉和肱三头肌，并有助于提高核心肌群的稳定性。注意运动时应缓慢、可控地进行，这样才能获得最大效果。在滚轮时弯曲手臂可增加运动的难度，因为这样会加大不稳定性。

警告：如果你有肩痛、腕关节疼痛或膝关节问题，不要进行此项运动。

第一步：将滚轮放在地板上，跪在滚轮上，双手放在你前面的地板上。双手应该位于躯干稍前方，臀部抬起，远离脚跟。

第二步：当你朝着双手方向拉伸双腿膝盖时，躯干肌要收缩，背部拱起，滚轮会朝着脚的方向移动。做两组，每组重复15次。

动作要领

- 向内牵拉膝盖时，使背部拱圆。
- 头部放松。
- 平稳滚动。

避免

- 耸肩。
- 头向前移。

目标肌肉

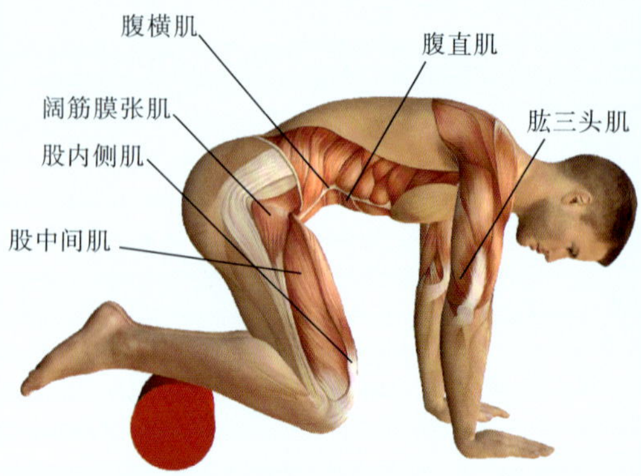

腹肌、大腿肌肉和肱三头肌

变式

更大难度：根据先前的指令，然后手肘弯曲再撑直做俯卧撑，慢慢滚到初始位置。

腘旁腱滚轮

顾名思义，这个练习能够很好地锻炼腘旁腱肌，但你也会感到股三头肌和腹肌被激发。滚出的距离以你感觉舒服为准，因为回滚比滚出去更具有挑战性。

警告：如果你有腰部和肩部问题，避免进行此项运动。

第一步：坐在地板上，双腿向前伸直，将泡沫轴滚轮放在膝盖下。双手放在身后地板上支撑躯干，手指指向臀部。

第二步：双手下压地板，抬起髋部，大腿保持收紧。

第三步：通过手臂向后拉髋部，使腿后部在泡沫轴上滚动。低头，目光注视着大腿。

第四步：将泡沫轴滚回到起始位置，保持髋部抬离地面。重复15次。

目标肌肉

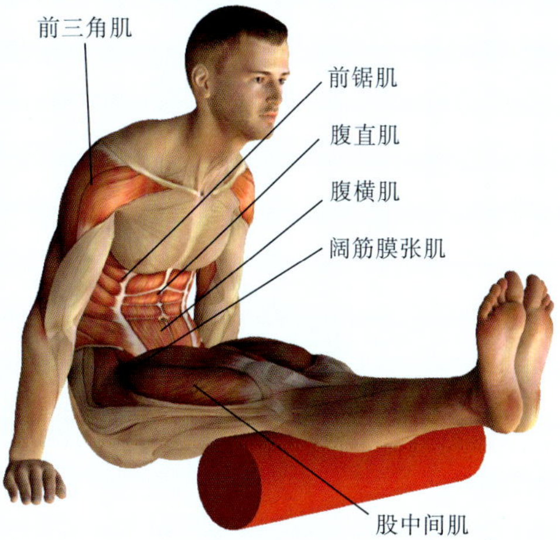

腘旁腱和肱三头肌

动作要领

- 所有动作同时发生。
- 运动全程保持颈部和肩膀放松。

避免

- 肩膀上移。
- 回拉时膝盖弯曲。

单腿压轮推举

单腿压轮推举是一项多功能性的练习，有助于提高核心肌群、骨盆和肩部的稳定性。它对于您的肩部肌肉、腹肌、腘旁腱和肱三头肌是一种非常棒的运动。如果你觉得动作的挑战性太强，可以不将髋部抬离地面。

警告：如果你有肩痛或腕痛，不要进行此项运动。

第一步：坐在地板上，双腿向前伸出，泡沫轴放在膝盖下。双手放在身后地板上支撑躯干，手指指向臀部。

第二步：双手下压地板，抬起髋部，大腿保持收紧。

第三步：将右腿抬起离开泡沫轴并保持稳定，同时确保髋部不落下。

第四步：保持住抬腿姿势，然后另一条腿向下按压泡沫轴，向着手的方向牵拉髋部。

第五步：回到起始位置，将小腿肌肉沿泡沫轴滚动，并保持你抬起的那条腿在空中伸直。每条腿各重复15次。

目标肌肉

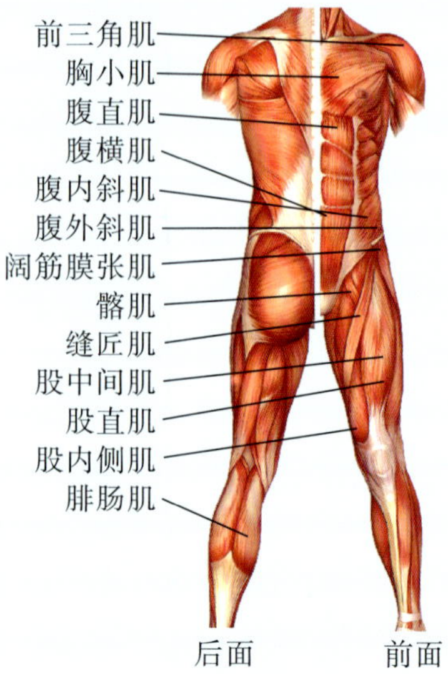

核心肌群和腿部肌肉

动作要领

- 抬高的腿保持一条直线。
- 运动全程保持髋部抬起。

避免

- 耸肩。
- 膝关节弯曲。
- 肘部弯曲。

三头肌滚轮

三头肌滚轮练习对于锻炼肱三头肌是非常有挑战性的。在尝试这项练习之前一定要充分拉伸上臂。这项练习还能运动腹肌、肩部稳定肌和腘旁腱，有助于提高核心肌群及肩部的稳定性。

警告：如果你有肩痛、腕关节疼痛或膝关节问题，不要进行此项运动。

第一步：坐在地板上，双腿充分向前伸直，将滚轮放于身后。双手放在滚轮上，手指指向臀部，肘部弯曲。

第二步：腿部施力下压，将手臂伸直，抬起髋部和肩部。

第三步：保持肩部下压，不耸肩，弯曲手肘，上下升降躯干。保持泡沫轴不动。重复两组，每组重复15次。

目标肌肉

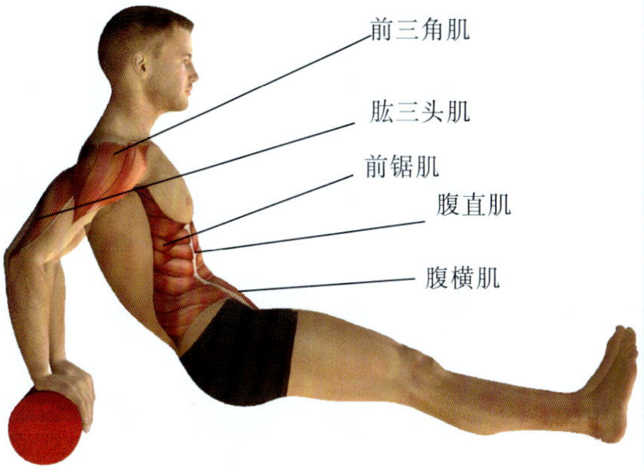

上臂和核心肌群

动作要领

- 腿保持收紧，同时膝盖伸直。
- 运动全程颈和肩保持放松。
- 滚轮紧压在地板上。

避免

- 耸肩。
- 当躯干上下移动时滚轮也跟着移动。

对角线卷腹

对角线卷腹针对的是肱三头肌、腹肌、肩膀和腘绳肌，这项锻炼方法的好处是可以帮助提高核心肌群、骨盆和肩部的稳定性。

警告：如果你有背痛或颈痛，不要进行此项运动。

第一步：仰卧位躺在泡沫轴上，泡沫轴长轴与脊柱一致，臀部和上背部接触泡沫轴。

第二步：双腿伸直，双脚牢牢压在地板上，伸展双侧手臂上举过头。

第三步：抬起头、颈部和肩部，类似于做卷腹。左腿和右臂放在地上保持不动，用右手支撑。抬起右腿和左臂，使左手触摸右脚踝。

第四步：沿着滚轮慢慢躺下，放下举起的手臂和腿。换另一侧腿和手臂继续重复上述动作。每侧重复15次。

目标肌肉

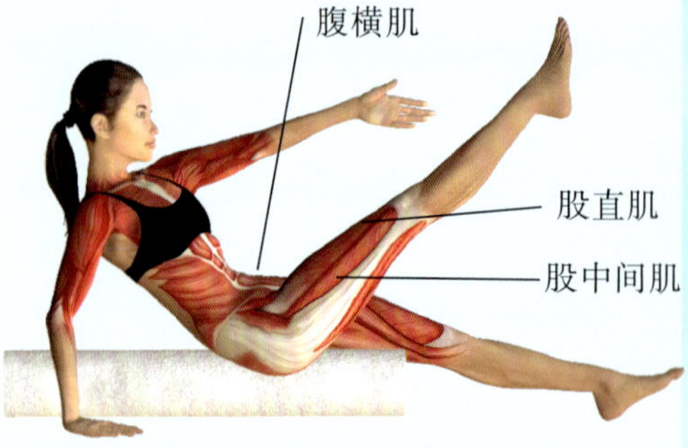

腹肌和腘绳肌

变式

难度增强版：保持一条腿在地上支撑，朝着抬起的那条腿伸直双臂，同时向上卷腹。

动作要领

- 运动全程保持双腿收紧。
- 运动全程保持肩膀和臀部与滚轮接触。

避免

- 耸肩。
- 膝盖弯曲。

滚轮俯卧撑

滚轮俯卧撑有助于提高核心肌群、骨盆和肩部的稳定性，是一项很好的腹部运动，同时针对胸部肌肉和肩部稳定性。

警告：如果你有腰痛、肩痛或颈痛，不要进行此项运动。

第一步：跪在地板上，泡沫轴横向放置在身前，双手放在泡沫轴上，手指指向前方。

第二步：手臂下压泡沫轴，身体呈平板支撑位，抬起双膝并伸直双腿。保持髋部和肩部在同一水平线上，避免肩部下沉，弯曲手肘，胸部朝着泡沫轴方向下降。避免泡沫轴滚动。

第三步：手臂下压、伸直手臂，保持背部挺直，回到起始位置。重复两组，每组15次。

目标肌肉

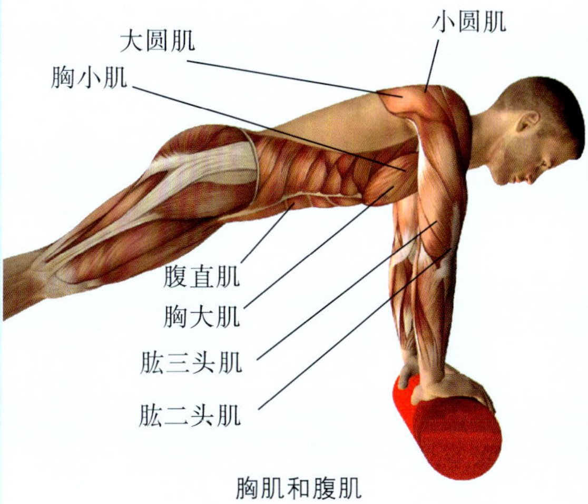

胸肌和腹肌

动作要领

- 单平面运动，保持肩膀到脚踝在一条直线上。
- 运动全程颈部和双膝保持放松。

避免

- 耸肩。
- 膝部弯曲。
- 抬高或降低局部身体。

仰卧行进

仰卧行进是针对腹部肌肉的超棒的锻炼方法，并且能提高核心部位和骨盆的稳定性。定期有规律地进行练习，你会注意到股四头肌也从中受益。

警告：如果你有腰痛、肩痛或颈痛，不要进行此项运动。

第一步：仰卧位躺在泡沫轴上，滚轮轴与脊柱走向一致。双手放在身体两侧的地板上，双膝弯曲，脚平放在地板上。

第二步：脚尖竖起，同时防止髋部抬起或移动，将一条腿膝部屈曲上提，朝向胸部拉伸。

第三步：换另一腿，不要让髋部抬起。

第四步：当你有了平稳的“行进”节奏时，每条腿重复15次。

目标肌肉

腹肌和股四头肌

动作要领

- 腿保持收紧，脚尖竖起。
- 运动全程保持颈部和肩膀放松。
- 手和前臂平贴于地板上。

避免

- 耸肩。
- 运动过程中髋部和腰部抬离滚轮。

髂胫束放松法

这是一项具有挑战性的练习，目的是消除髂胫束的紧张状态。在开始锻炼时它不是很舒服，但重复几次后就会变得容易多了，它还能锻炼大腿外侧肌肉和肩胛部的稳定性。

警告：如果你有背痛或肩痛，不要进行此项运动。

第一步：左侧卧位，泡沫轴放在地板上，置于大腿中部下方。把左前臂放在地板上支撑你的躯干。

第二步：右腿弯曲，向前跨出放在左腿前方，使膝关节朝上。把右脚平放在地板上。

第三步：以肩部作为拉力，以支撑腿作为推力，大腿外侧沿着泡沫轴来回滚动。如果要增大运动幅度，可调整手臂位置。

第四步：每侧重复15次。

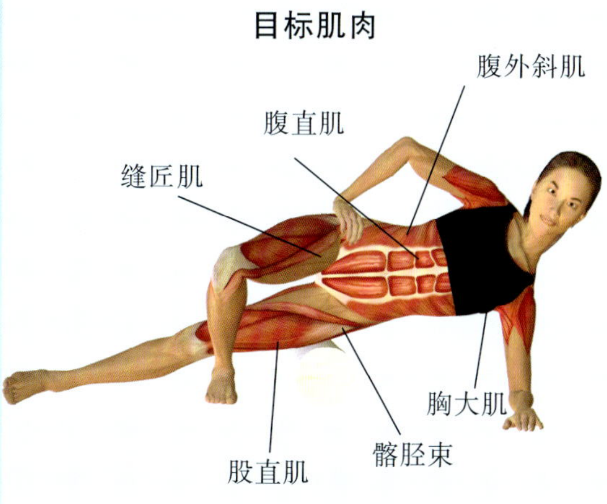

髂胫束和斜肌

动作要领

- 运动全程肩部保持放松。
- 手和前臂紧压在地板上。

避免

- 耸肩。

泡沫轴桥式抬腿 1

泡沫轴桥式抬腿针对的是臀部肌肉和腘旁腱。完成这个动作时要小心，因为泡沫轴有可能会从身下滚出去——要利用你的腹部和大腿肌肉来保持住这个体位。

警告：如果你有腰部疼痛、腿部受伤或踝关节疼痛，不要进行此项运动。

第一步：仰卧位，滚轮放在肩部下方，臀部应该贴于地板，膝盖弯曲，双脚平放在地板上。

第二步：双脚下蹬地板，向上拱起呈桥状，抬高髋部朝向天花板，直到身体与地面平行。

第三步：伸直左腿。

第四步：抬起左腿与膝同高。保持腿部伸直和泡沫轴静止不动，然后双髋向上、向下起伏运动。

第五步：返回到第一步，右腿重复动作。

第六步：每条腿各重复15次。

目标肌肉

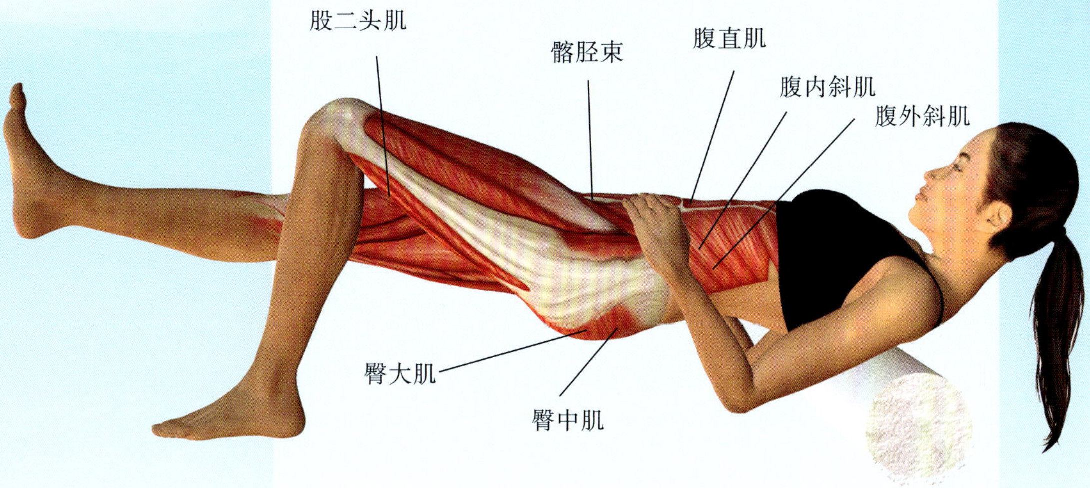

腘旁腱和臀部

动作要领

- 伸出的腿保持伸直。

避免

- 运动过程中髋部和腰部下沉。
- 背部拱起。

泡沫轴桥式抬腿2

升级版的泡沫轴桥式抬腿练习有助于提高骨盆的稳定性，增强臀部肌肉力量，增强腘旁腱。动作的关键是尽量保持泡沫轴静止不动。

警告：如果你有腰部疼痛、腿部受伤或踝关节疼痛，不要进行此项运动。

第一步：仰卧平躺位，泡沫轴滚轮放在双脚下。

第二步：不要移动泡沫轴或使背部拱起，向上呈桥形，抬起髋部。

第三步：保持肌肉收紧，抬起左腿与膝部同高，伸直左腿。

第四步：尽量防止泡沫轴移动，并上下起伏移动髋部，同时保持伸直的腿抬高。重复15次。

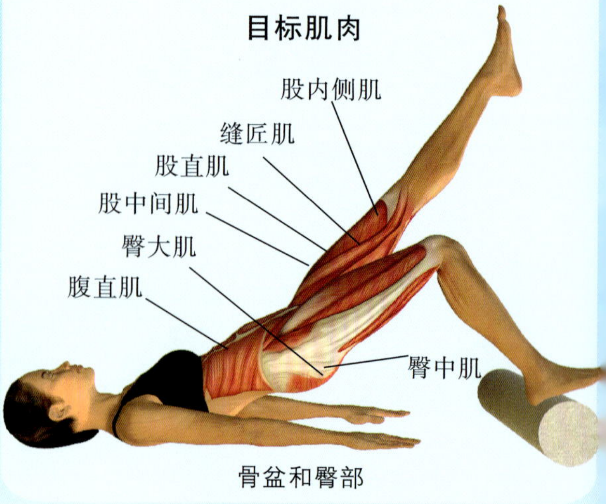

动作要领

· 运动全程颈和肩部保持放松。
· 伸出的腿保持伸直。

避免

· 耸肩。
· 运动过程中髋部和腰部下沉。
· 背部拱起。

腘旁腱伸缩

腘旁腱伸缩的挑战性相当大，虽然看上去并非如此，困难在于要控制泡沫轴滚动的范围。这个练习对于腘旁腱和臀部肌肉是很好的锻炼，能够提高它们的力量和耐力，同时有助于加强骨盆的稳定性。

第一步： 仰卧在地板上，膝盖弯曲，泡沫轴横放于脚下。

第二步： 向上拱起呈桥形，抬高髋部，使之与肩对齐，身体在中立位。

第三步： 收缩双臀，拉动小腿使泡沫轴在脚下来回滚动。

第四步： 做两组，每组重复15次。

目标肌肉

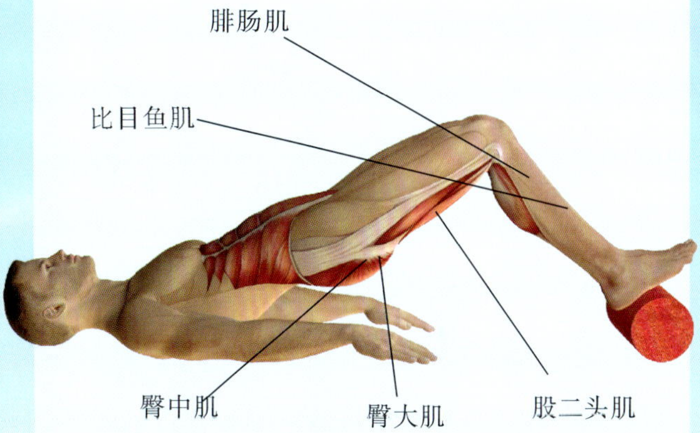

腘旁腱

动作要领

- 运动全程肩部保持放松。
- 从肩部到膝部保持身体在一条直线上。

避免

- 髋部和腰部下沉。
- 背部拱起。

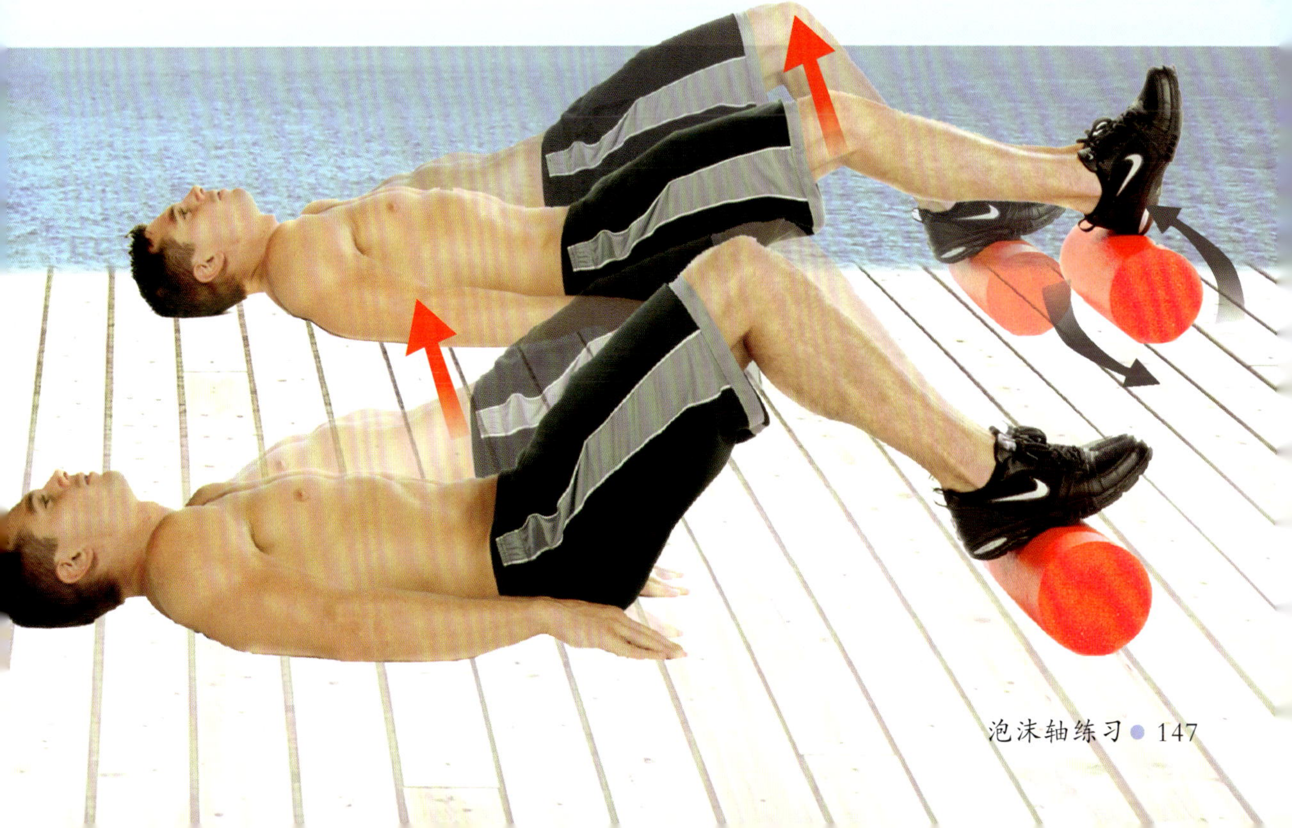

直腿踩单车

直腿踩单车能提高骨盆的稳定性，是加强腹肌锻炼的常用练习方法，同时它还锻炼大腿肌肉力量。动作中尽量保持肩部紧贴滚轮。

警告：如果你有背痛或颈痛，不要进行此项运动。

第一步： 仰卧平躺位，滚轮纵向放置在肩背、臀部下方，两侧前臂分别放在滚轮两侧的地板上，以保持身体平衡。

第二步： 膝关节屈曲，拉高至桌面高度，形成屈髋、屈膝角都在90度的姿势。

第三步： 保持背部平直，将头、颈和肩部抬离泡沫轴。伸直左腿，把右膝拉向胸部，保持头部、颈部和肩部抬起。

第四步： 换另一腿，同时保持身体平衡，模仿踩单车练习。每条腿各重复15次。

目标肌肉

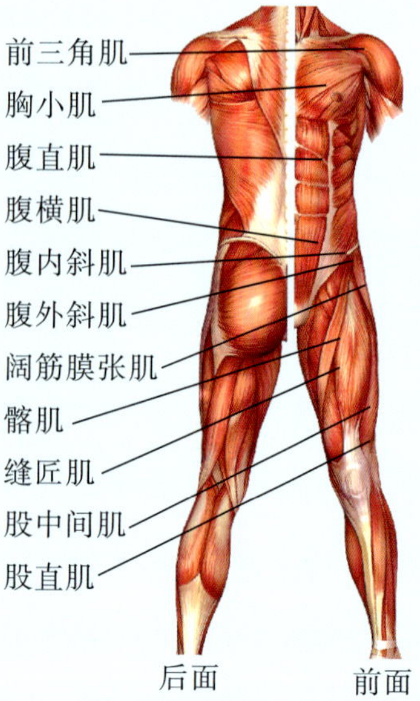

腹肌和骨盆

动作要领

- 运动全程颈部保持放松。
- 在“骑车蹬腿”的下降动作时腿充分伸展。

避免

- 耸肩。
- 动作过程中抬起髋部和腰部。

僵虫蠕动

僵虫蠕动听起来好像不是特别具有挑战性，但它确实很难！一定要在一个软垫上进行，因为滚落地上的概率很大。不过，它值得坚持练习，这是锻炼核心稳定性的很好的训练方法。

警告：如果你有背痛或颈痛，不要进行此项运动。

第一步：仰卧平躺位，将泡沫轴纵向放置在背部下方，肩膀和臀部紧贴在泡沫轴上。把手和前臂平放在地板上保持稳定。牵拉你的双侧膝盖，以便使腿抬高形成一个桌面支撑姿势。

第二步：抬起头、颈和肩膀。

第三步：双手掌放在两侧膝盖上，下压，根据自己的情况施力以便保持平衡。脚趾屈曲，肘部紧贴在身体两侧，维持10秒钟。重复10次。

目标肌肉

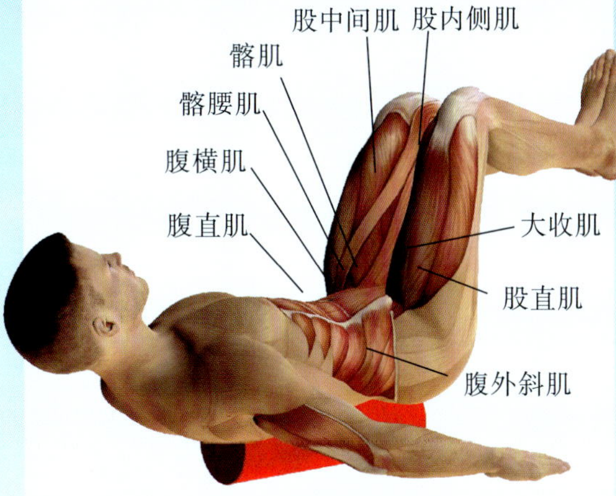

腹肌和大腿

动作要领

- 髋部、大腿和小腿分别成90度。
- 运动全程颈部保持放松。
- 运动全程肩部和臀部平贴于滚轮上。

避免

- 耸肩。
- 在运动过程中抬起髋部或腰部。
- 从滚轮上掉下来。

运动方案

以下锻炼方案主要根据学习者不同的锻炼目标和参数设定，训练强度的选择范围是根据学习者能够做到并且有一定挑战性。可以将以下锻炼方法组合在一起，逐步达到个人健体塑形的目标。请在安全的前提下慢慢来，最重要的是，尽情享受运动的快乐吧！

初学者运动方案

适合于所有水平，尤其是刚开始核心锻炼的新手。

1 卷腹, p. 56

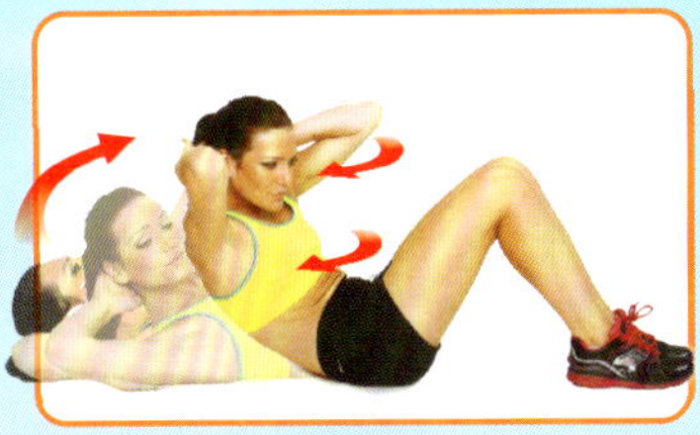

2 交替卷腹, p. 57

3 俄罗斯扭转, p. 102

4 抬腿, p. 74

5 跪位侧抬腿, p. 63

6 髋部跨越运动, p. 33

7 斜向侧转身, p. 62

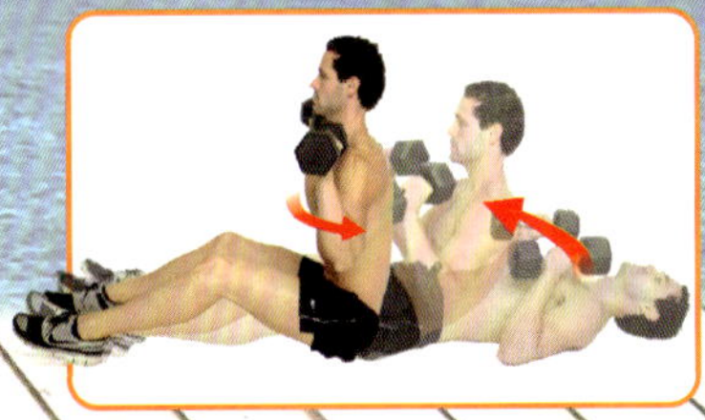

8 哑铃仰卧起坐, p. 111

9 身体拉锯式, p. 99

转体运动方案

专门针对提高和增强旋转肌肉的运动方法。

1 瑞士球腹部拉伸, p. 19

2 俄罗斯扭转, p. 102

5 仰卧起坐变式, p. 55

6 平衡球剪式, p. 131

8 对角线卷腹, p. 140

9 髋部跨越运动, p. 33

3 坐姿杠铃转体, p. 114

4 侧弯平板支撑, p. 82

7 四足跪式滚轮, p. 136

10 站立杠铃片扭转, p. 115

竖脊肌运动方案

专门针对加强核心肌肉系统，特别是加强腰部肌肉的运动方法。

1 瑞士球屈体举臀, p. 26

2 柠檬挤压法, p. 60

8 实心球环绕, p. 38

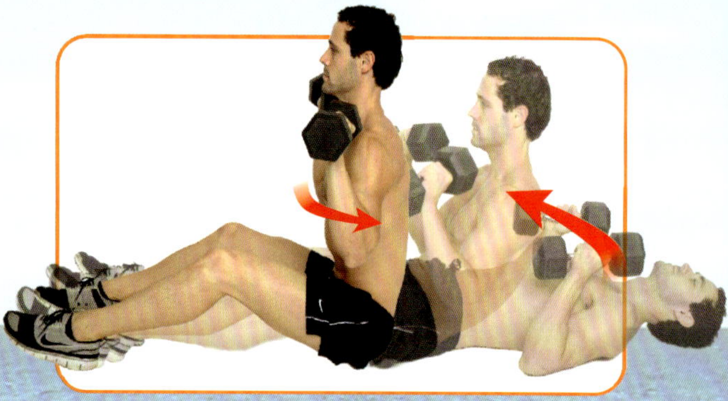

5 哑铃仰卧起坐, p. 111

9 土耳其起身训练, p. 108

3 前进的超人, p. 84

4 身体拉锯式, p. 99

6 “V”形屈体, p. 72

7 手爬行, p. 65

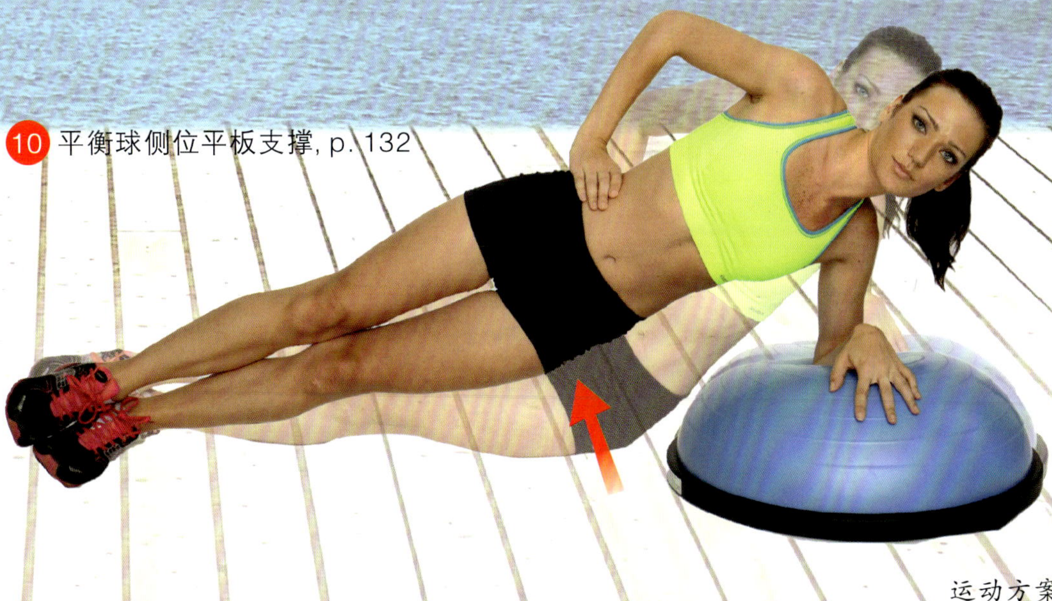

10 平衡球侧位平板支撑, p. 132

专业运动员运动方案

专门针对改善爆发力和力量的运动项目。

1 瑞士球前滚, p. 24

2 瑞士球绕行,p.28

3 瑞士球俯卧撑,p.32

4 抛实心球,p.36

5 增强式俯卧撑,p.43

6 仰卧起坐式投掷,p.44

7 大腿后摆,p.68

8 登山式,p.86

9 壶铃深蹲,p.117

10 平衡球蹬车卷腹,p.130

多项组合运动方案

专门用于通过多样的运动形式和各种设备来提高核心肌群的力量。

1 瑞士球仰身, p. 23

2 增强式俯卧撑, p. 43

3 实心球猛击, p. 46

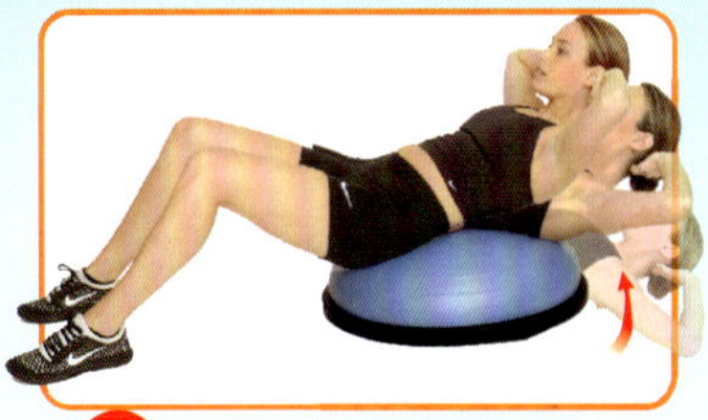

4 平衡球卷腹, p. 128

5 对角线卷腹, p. 140

6 抬轮运动, p. 110

7 侧抬腿卷腹 , p. 58

8 拉力器转体, p. 124

9 实心球环绕 , p. 38

10 平衡球蹬车卷腹, p. 130

终极运动方案

难度最大、挑战性最强的训练方法。

1 瑞士球绕行, p. 28

2 瑞士球俯卧撑, p. 32

5 平板毛巾展收, p. 98

6 登山式, p. 86

9 土耳其起身训练, p. 108

10 平衡球侧位平板支撑, p. 132

3 增强式俯卧撑, p. 43

4 侧弯平板支撑, p. 82

7 蚌壳系列运动, p. 92

8 辅助前抬腿, p. 94

运动健康
完全图解系列

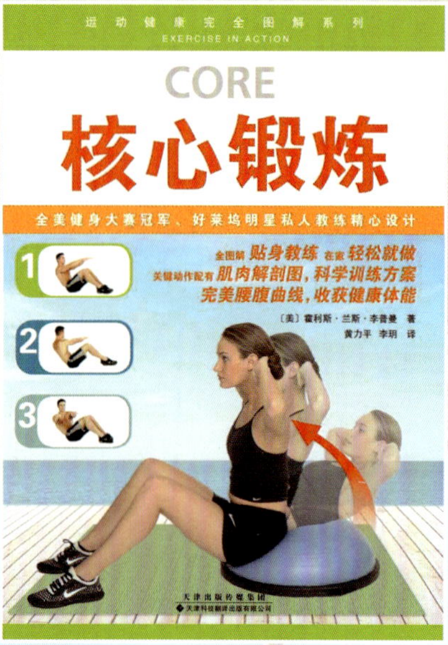

《核心锻炼》

《力量锻炼》

《瑜伽》